**OUVERTURE**

*Valeurs   Livre 3*

**Douce France?**

# L120 course team

## OU team

Ghislaine Adams *(course manager)*
Ann Breeds *(course secretary)*
Joan Carty *(liaison librarian)*
Tina Cogdell *(print buying co-ordinator)*
Jonathan Davies *(design group co-ordinator)*
Jane Duffield *(project controller)*
Tony Duggan *(project controller)*
Kevin Firth *(team member/author)*
Janis Gilbert *(graphic artist)*
David Hare *(team member/author)*
Pam Higgins *(designer)*
Angela Jamieson *(BBC producer)*
Marie-Noëlle Lamy *(course team chair/author)*
Kate Laughton *(editor)*
Mike Levers *(photographer)*
Ruth McCracken *(reading member)*
Reginald Melton *(IET)*
Hélène Mulphin *(team member/author)*
Jenny Ollerenshaw *(team member/author)*
Margaret Selby *(course secretary)*
Anne Stevens *(reading member)*
Betty Talks *(BBC series producer)*
Betty Turner *(print buying controller)*
Penny Vine *(BBC producer)*

## External assessor

Professor Samuel Taylor (Department of French, University of St Andrews)

## External consultants

Authors who contributed to the writing of the materials were: Martyn Bird; Lucile Ducroquet; Brigitte Guénier; Rod Hares; Hélène Lewis; Sandra Truscott.

Critical readers were: Lucette Barbarin; Malcolm Bower; Brian Page; John Pettit; Richard Tuffs. Bob Powell was the language adviser.

Supplementary picture and text research by Pierrick Picot. Proofs read by Danièle Bourdais.

## Developmental testing

The course team would like to thank all those people involved in testing the course materials. Their comments have been invaluable in the preparation of the course.

The Open University, Walton Hall, Milton Keynes MK7 6AA

First published 1995. Reprinted 1996, 1998, 2001

Edited by Learning Materials Design

Designed and typeset by the Open University

Printed and bound in the United Kingdom by the Alden Group, Oxford

ISBN 0 7492 6256 7

This text forms part of an Open University course. If you would like a copy of *Studying with the Open University* or more information on Open University language materials, please write to the Central Enquiry Service, P.O. Box 200, The Open University, Walton Hall, Milton Keynes MK7 6YZ.

1.4

L120-L501val3i1.4

# Contents

**Introduction  1**

**1  Emmaüs  2**

**Study chart  2**

**1.1  La communauté d'Angers  3**
*Forming the passive  7*
*Ways of translating the English passive: using 'on'  8*
*Ways of translating the English passive: using reflexive verbs  8*

**1.2  Ne jetez rien: téléphonez ou écrivez-nous  10**
*Using the relative pronouns 'qui' and 'ce qui'  13*
*Using 'ce qui' and 'ce que'  15*
*Using the verb 'servir à'  16*

**Faites le bilan  20**

**Vocabulaire à retenir  20**

**2  La faim et la honte  21**

**Study chart  21**

**2.1  Un nouveau pauvre  22**
*Using 'où' to refer to time  25*

**2.2  ATD Quart-Monde  27**

**2.3  La Grasse Matinée  31**
*Building up vocabulary  33*
*Using 'y penser'  36*

**Faites le bilan  38**

**Vocabulaire à retenir  38**

**3  Les Restos du Cœur  39**

**Study chart  39**

**3.1  Le relais de Nantes  40**
*Expressing embarrassment and shame  43*
*Expressing relief  46*

**3.2  Un relais vers l'insertion  47**
*Using 'celui qui'  49*

**Faites le bilan  52**

**Vocabulaire à retenir  52**

## 4    Les banlieues    53

**Study chart    53**

**4.1    Bellevue, la cité de Yasmin    54**
*Expressing obligation in the past    58*

**4.2    Il ne suffit pas de refaire les façades    60**
*Contradicting politely    63*

**4.3    Recel, attention danger!    66**
*Greeting someone informally    70*

**4.4    La dérive du quartier du Luth    73**
*Using 'à peine'    79*

**Faites le bilan    80**

**Vocabulaire à retenir    81**


## 5    La parole aux jeunes    82

**Study chart    82**

**5.1    Le Zorro beur des HLM    83**
*Using 'moi, je...', 'toi, tu...', etc for emphasis    86*

**5.2    E'Bride Gang    87**

**Faites le bilan    90**

**Vocabulaire à retenir    90**


## 6    Douce France? Le verdict    91

**Study chart    91**
*Putting an essay together    92*

**Faites le bilan    94**


*Corrigés    95*


*Acknowledgements    117*

# Introduction

France, like many other developed countries, is having to face the fact that some of its citizens, and most of its immigrant workers, do not find themselves fully integrated into its society. For a nation proud of its revolutionary motto *'Liberté, égalité, fraternité'*, this is particularly painful to contemplate. For that reason, possibly, many refuse to contemplate it. In 1941, the French poet and songwriter Charles Trénet wrote a lovely tribute to the sweetness of life in his country, entitled *Douce France*. It was to prove enduringly popular. But we have to ask whether France really is *douce* to all of its inhabitants.

In *Douce France?*, we look at different communities who may be said to be either excluded from society, or living on the margins of society. With *Emmaüs*, *La faim et la honte*, and *Les Restos du Cœur*, we visit charitable organizations, looking at some of the problems and some of the solutions that are being tried. In the second part of the book, with *Les banlieues* and *La parole aux jeunes*, we study some aspects of life on a multi-ethnic housing estate, with its underlying violence, but also its creativity and vitality. The single theme which runs right through the book is that of the fight against exclusion through charitable action, government measures, individual initiatives and cultural integration.

The book is particularly designed to develop your ability to put an argument together. You will be explaining both sides of the book's main theme orally and in writing, and learning ways to summarize arguments and contrast them so that your listener or reader can understand the essentials. The main writing task is at the centre of the last section, *Douce France? Le verdict*, but in fact you will have been preparing for it all through your work as you progress through the book. Your reading skills will be extended by the inclusion in the book of several written texts, including a poem and a substantial press article.

The Feature Cassette that accompanies this book explores the housing estate of Bellevue near Nantes, and in it you will be hearing people and points of view which complement those presented in the book's videos and Activities Cassette.

# 1 Emmaüs

## STUDY CHART

| | Topic | Activity/timing | Audio/video | Key points |
|---|---|---|---|---|
| **2 hrs** | *1.1 La communauté d'Angers* | 1 (10 mins) | | Vocabulary: charitable organizations |
| | | 2 (10 mins) | Video | |
| | | 3 (10 mins) | Video | Vocabulary: repairing and selling objects |
| | | 4 (10 mins) | | Forming the passive |
| | | 5 (5 mins) | | Translating the English passive |
| | | 6 (5 mins) | | |
| | | 7 (15 mins) | Video | Making notes from a video recording |
| **3 hrs** | *1.2 Ne jetez rien: téléphonez ou écrivez-nous* | 8 (10 mins) | | Comparing what you read with what you saw on video |
| | | 9 (20 mins) | | Explaining the content of a leaflet to a friend |
| | | 10 (5 mins) | | Recognizing *ce qui, ce que* |
| | | 11 (10 mins) | | Using *qui* and *ce qui* |
| | | 12 (10 mins) | | Using *ce qui, ce que, ce qu'* |
| | | 13 (20 mins) | | |
| | | 14 (15 mins) | | Using *servir à* |
| | | 15 (15 mins) | | Summarizing orally |
| | | 16 (15 mins) | Audio | Vocabulary: donating to a charity |
| | | 17 (15 mins) | Audio | |

*E*mmaüs is a self-help scheme for the homeless, launched by l'Abbé Pierre in 1949. Most large towns in France have their own Communauté Emmaüs, and l'Abbé Pierre is a very well-known figure in France, with much the same prestige as Mother Teresa of Calcutta.

**L'Abbé Pierre**

This section has two main parts, both dealing with Emmaüs. First, a video extract, *La communauté d'Angers,* will introduce you to the basic vocabulary you will need to work through the section. We then go on to look at *Ne jetez rien,* a leaflet produced by Emmaüs to advertise their services and you will learn how to offer goods and make an appointment over the telephone.

## 1.1 *La communauté d'Angers*

This is a video presentation of the Communauté Emmaüs in Angers. Concentrating on the homeless, their needs, and the way the scheme runs (through the collection and selling of goods donated by the public) you will make use both of visual and oral clues to gain an insight into the work of Emmaüs and the experiences of those who benefit from it.

Listening to the people involved in the community's activities, you will learn expressions to describe work that has to be done and rules that have to be observed. In this topic, you also make a start on the process of putting together a dossier of information on the issue of social and ethnic minorities.

Before you watch *La communauté d'Angers,* here is a text giving you a summary of the aims of the Emmaüs project. Study it first, and you may find the video easier to follow. Then do *Activité 2,* which will help you understand the general idea behind the way the scheme works.

## Activité 1

10 MINUTES

1 Lisez attentivement ce texte, qui vous donne des renseignements de base sur Emmaüs et vous aidera à comprendre la vidéo. Résistez à la tentation d'utiliser votre dictionnaire: vous allez comprendre le vocabulaire en faisant les parties 2 et 3 de l'activité.

### La philosophie d'Emmaüs

Emmaüs a été créé par l'Abbé Pierre en 1949. Les communautés Emmaüs aident les sans-abri, les gens qui sont à la rue. Le principe de base est d'aider les sans-logis en leur procurant un logement et un travail.

Comme le dit Jean Rousseau, le directeur de la Communauté Emmaüs à Angers, 'la philosophie d'Emmaüs, c'est d'accueillir des gens qui sont à la rue et de leur permettre de gagner leur vie'.

Pour subvenir aux besoins de la communauté, les membres (qui sont tous des hommes et qu'on appelle des compagnons) récupèrent toutes sortes de vieux objets dont les gens veulent se débarrasser, les réparent et les vendent dans leurs salles de ventes.

**Pour vous aider**

*subvenir aux besoins de*   to meet the (financial) needs of

*récupèrent*   collect (the idea of *récupérer* is to retrieve, reclaim or recycle things)

*leurs salles de ventes*   their salesrooms

2 Dans le premier paragraphe, il y a trois expressions différentes qui traduisent 'the homeless'. Notez-les.

3 Écrivez le français qui correspond aux expressions ci-dessous (attention, l'ordre n'est pas le même que dans le texte).

(a) by providing them with accommodation and work

(b) and to allow them to earn a living

(c) at Emmaüs, our philosophy is to take people in off the streets

## Activité 2

10 MINUTES

**VIDEO**

1 Visionnez la première partie de la vidéo 'La communauté d'Angers', de 40:30 à 42:36. En regardant les images, souvenez-vous du texte 'La philosophie d'Emmaüs'.

**Pour vous aider**

*pour faire vivre la communauté*   to provide for the community

*il y en a tellement qu'ils ne savent plus où les mettre*   there are so many that they don't know where to put them

*en échange de*   in exchange for

2 Lisez les phrases (a) et (b) ci-dessous, puis regardez la partie 42:36–43:02 de la vidéo. Cochez la bonne réponse en regardant la séquence.

(a) Jean veut améliorer l'environnement dans lequel vivent les sans-abri. ❏

(b) Jean veut subvenir aux besoins des sans-abri. ❏

**Pour vous aider**

*faire du service à l'extérieur* to work in the world outside

3 Lisez les deux questions ci-dessous, puis regardez la partie 43:03–43:57 de la vidéo. Remplissez les blancs en regardant la séquence.

(a) Jackie demande à Patrice quelles sont les obligations qui existent à la communauté. Pouvez-vous compléter chacune des deux questions de Jackie avec l'expression d'obligation utilisée?

Donc _ ____ _____ respecter les horaires. Ensuite?

_____ _____ ranger régulièrement sa chambre?

(b) Patrice cite une chose qui est absolument interdite à Emmaüs. Qu'est-ce que c'est? Cochez la bonne réponse en regardant la séquence.

les visites ❏

la drogue ❏

les jeux d'argent ❏

l'alcool ❏

4 Regardez la partie 43:57–44:16 de la vidéo pour cocher parmi les expressions ci-dessous les cinq qui montrent ce qu'Emmaüs garantit gratuitement aux compagnons respectueux des règles. (Attention, Patrice ne dit pas exactement les choses de cette façon et le corrigé vous montre ce qu'il a réellement dit.)

(a) des médicaments ❏

(b) des cigarettes ❏

(c) une chambre ❏

(d) du savon, du dentifrice, du shampooing ❏

(e) du vin et de la bière ❏

(f) un travail chaque jour ❏

(g) de quoi manger ❏

As you will perhaps have guessed from the friendly scenes you saw on video, *ils sont entourés* (literally 'they are surrounded') means that the *compagnons* are given not only moral support but also companionship, but that they are surrounded by friends. This is a crucial first step to taking control of their lives again.

In the final part of this video sequence, we ask some of the Emmaüs customers what they bought. Watch this for interest, as there is no work associated with it, then move on to 46:48, where Patrice describes the *compagnons* work and his own responsibilities. The key words here are *trier* and *faire le tri*. You don't need to look them up, as you'll probably be able to guess their meaning from listening to Patrice himself.

*Activité 3*
**10 MINUTES**
**VIDEO**

1   Lisez le dialogue incomplet qui suit. Puis regardez la deuxième partie de l'interview de Patrice (46:48–47:25).

**Pour vous aider**

*tôt ou tard*   sooner or later

| | |
|---|---|
| Jackie | Est-ce qu'on répare? |
| Patrice | Oui, oui, on restaure, on ne répare pas. |
| Jackie | D'accord. Et après, c'est _____ en magasin? |
| Patrice | Après, c'est _____ en magasin. |
| Jackie | Et c'est _____ ? |
| Patrice | _____ , oui. |
| Jackie | C'est tout le temps _____ ? |
| Patrice | Tout le temps, oui. Tout _____ ! |
| Jackie | Tout _____ ? |
| Patrice | Tout! Ce que vous pouvez voir ici, ça _____ aussi. Tout se vend. |
| Jackie | Tout _____ . |

2   Complétez le dialogue avec les mots de l'encadré ci-dessous.

> mis; vendu; va être vendu; se vend

3   Deux verbes différents sont utilisés dans l'encadré. Quels sont ces verbes? Donnez leur infinitif.

## Forming the passive

You may have noticed that Jackie and Patrice were talking about what 'is done' to different things at Emmaüs.

> *c'est mis en magasin*
> it is placed in the shop

> *et c'est vendu*
> and it is sold

The English translations above are formed with 'to be' + another verb, just as the French are formed with *être* + another verb.

| | *Verb 'être'* | *Past participle (agreeing with the subject)* | |
|---|---|---|---|
| *Le vin* <br> The wine | *est* <br> is | *mis* <br> placed | *à la cave.* <br> in the cellar. |
| *Les cartes* <br> The cards | *sont* <br> are | *vendues* <br> sold | *20 francs pièce.* <br> for 20 francs each. |

In these phrases, the subject, instead of doing the action, is having the action done to it. Hence its name, the passive (in French *le passif*).

To vary the tense of the passive (for example, to express ideas like 'cars **used to be** repaired in the workshop', or 'your letter **will be** posted tonight'), simply change the tense of the verb *être*:

> *Les voitures **étaient** réparées dans l'atelier.*
> The cars **were** repaired in the workshop.

> *Votre lettre **sera** postée ce soir.*
> Your letter **will be** posted tonight.

If you also mention the person (or thing) responsible for carrying out the action, use *par*:

> *Il a été heurté **par** un automobiliste qui s'est enfui.*
> He was hit **by** a hit-and-run driver.

> *Le pain va être distribué dans tous les villages **par** la femme du boulanger.*
> Bread will be delivered to all the villages **by** the baker's wife.

 (An example of passive conjugation is given in your Grammar Book on page 159.)

Here is an *activité* that will give you some practice using the passive in different tenses.

## *Activité 4*
**10 MINUTES**

Traduisez en français les phrases suivantes, en utilisant le passif. N'oubliez pas d'accorder le participe passé avec le sujet du verbe.

1 If the code is incorrect, the card is refused.

2 The workshop is tidied up every evening.

3 These old bottles are sold too.

4 Letters used to be read by the prison officers.

5 Even the armchairs have been repaired.

6 The heaps of books will be sorted, sooner or later.

## *Ways of translating the English passive: using 'on'*

Another way in which French frequently expresses the idea of the passive is through the use of *on,* which in this case means something like 'one', or 'people in general':

> *Expliquez-moi comment **on fait** les choses, à Emmaüs.*
> Tell me how things **are done**, at Emmaüs.

> *En France,* **on sert** *le fromage avant le dessert.*
> In France, cheese **is served** before dessert.

Here's an *activité* to put this into practice.

## *Activité 5*
**5 MINUTES**

Dans le mini-dialogue suivant, traduisez les phrases entre parenthèses, en utilisant 'on'. N'oubliez pas le pronom objet direct.

| | |
|---|---|
| Alain | Elle a l'air délicieuse, cette salade de fruits. Qu'est-ce qu'il y a dedans? |
| Claude | (It's made with pineapple, strawberries and kiwis.) |
| Alain | Et un petit peu de rhum? |
| Claude | (Yes, then honey and lime juice are added. And of course, it's served well chilled.) |

## *Ways of translating the English passive: using reflexive verbs*

Jackie and Patrice also used another structure to express the idea of the passive:

> *Tout se vend.*
> Everything gets sold.

The verb *vendre* was made reflexive. This form indicates that something is done, but does not suggest that anybody or anything in particular is doing it.

> *Ça **s'achète** en pharmacie.*
> It **can be bought** at the chemist.
>
> *Ça **s'epelle** comment?*
> How **is** it **spelt**?
>
> *Ça ne **se fait** pas.*
> It**'s** not **done**.

The next *activité* gives you a chance to practise using this structure.

## Activité 6
**5   MINUTES**

Traduisez en français les phrases suivantes. Utilisez un verbe pronominal à chaque fois.

1  French is spoken in many African countries.

2  Sleeping tablets are sold on prescription.

3  The decision was made without me.

The final *activité* in this topic is an opportunity for you to prepare for the essay writing at the very end of the book. Now that you have watched the video extract, *La communauté d'Angers,* you are going to choose one summary of what happens in each sequence. When you have chosen, and checked them against the *corrigé,* copy out each chosen summary on a sheet of paper, labelled with the topic number (in this case, topic 1.1). As you work through the book, you will add a number of other summaries, building up a resource from which to retrieve ideas for your essay. It will help if you keep your notes legible, and safe. Your dossier is probably the best place for this.

## Activité 7
**15   MINUTES**
**VIDEO**

Choisissez les trois résumés qui illustrent le mieux les initiatives d'Emmaüs en faveur des gens de la rue. Il y a un résumé correct par séquence. Essayer de travailler de mémoire, mais si vous avez besoin de visionner à nouveau la vidéo, les chiffres vous aideront à trouver les réponses.

### Séquence 1    40:30–42:36

1  À Emmaüs, ce sont les résidents qui réparent et vendent eux-mêmes les objets. En échange de leur travail, on les aide matériellement, par exemple en leur donnant un logement.

2  À Emmaüs, ce sont les responsables qui réparent et vendent les objets. En échange, le public leur donne de l'argent pour nourrir les compagnons.

*Séquence 2*     42:36–43:02

3   Les compagnons d'Emmaüs sont chargés uniquement de trier les objets, car ils sont souvent incapables de prendre de vraies responsabilités.

4   Pour Emmaüs, la meilleure façon d'aider les sans-logis, c'est de leur donner des responsabilités.

*Séquence 3*     43:02–44:35

5   À Emmaüs, on aide moralement les sans-logis en leur apprenant à se laver et à ne plus boire.

6   À Emmaüs, on aide moralement les sans-logis en leur apprenant les responsabilités d'une occupation journalière et en leur donnant l'occasion d'être entourés.

## 1.2 *Ne jetez rien: téléphonez ou écrivez-nous*

The leaflet shown on page 12 is produced and distributed by Emmaüs to advertise their services. In this topic you will learn how to make use of this service.

There is an insert in the leaflet, shown below, which describes an Emmaüs shop in Lourvois (*Activité 8*). The main text of the leaflet explains how to deal with unwanted objects (*Activité 9*). You are going to work closely on both parts, with the ultimate aims of explaining the Emmaüs procedure to a friend, and of talking to Emmaüs on the telephone to arrange a collection.

*Activité 8*
**1 0   M I N U T E S**

1   Lisez l'encadré qui présente le magasin Emmaüs de la rue de Chaconne à Lourvois, en essayant de le comparer mentalement avec les images de 'La communauté d'Angers'. N'écrivez rien pour le moment.

> Au 66, rue de Chaconne,
> à Lourvois,
> une boutique Emmaüs
> de vêtements rétro, dentelles,
> linge de maison.
> Ouvert tous les jours
> le lundi de 14 heures à 18 h 30
> du mardi au samedi
> de 10 h 30 à 12 h 30
> de 14 heures à 18 h 30
> Tél. : 9 32 47 47
> Zone de ramassage
> de vêtements : Lourvois.

2 Selon le petit encadré que vous avez lu, qu'est-ce qu'on vend exactement dans le magasin de la rue de Chaconne? Cochez les bonnes réponses.

(a) books ☐

(b) toys ☐

(c) clothes ☐

(d) lace ☐

(e) bedding ☐

(f) tablecloths and napkins ☐

(g) towels and tea-towels ☐

(h) kitchen appliances ☐

(i) household furniture ☐

(j) office furniture ☐

3 Le texte ci-dessous compare le magasin de la rue de Chaconne et la communauté d'Angers, mais il est incomplet. Complétez-le en remplissant les trous. Nous vous aidons en vous donnant les verbes à l'infinitif. Mettez-les tous au passif présent, comme le premier, qui a été fait pour vous. (Attention, l'un des verbes doit être mis non seulement au présent passif mais en plus à l'infinitif.)

Les magasins Emmaüs ont tous besoin de marchandises, mais on n'y trouve pas partout les mêmes choses. À la rue de Chaconne, c'est plutôt du linge qui **est demandé**. Les vêtements (nettoyer) et (repasser). Les dentelles (blanchir) avant d' (vendre) La communauté d'Angers dispose de beaucoup de place et peut accepter de plus gros objets: les bibelots et les jouets (ranger) à l'intérieur, les meubles et les appareils de salle de bain (stocker) dehors. Mais une chose est certaine: dans les deux magasins, tout (recycler) et tout (vendre).

*Activité 9*
20 MINUTES

1 Lisez le texte central du prospectus d'Emmaüs de la page 12.

**Pour vous aider**

*rangement*  tidying up

*déménagement*  moving house (from *déménager*)

*héritage*  inheritance

*manque de place*  lack of space

*bibelots*  knick-knacks

*ainsi*  in this way

*secourir*  to come to the rescue of

Nous débarrassons
gratuitement ce que vous nous donnez

Nous réparons ce qui est utilisable

Vous nous procurez ainsi du travail
et une raison de vivre

Et nous pouvons, nous aussi
aider des familles en difficulté

*Par notre travail nous vivons libres.*
*Donnez,*
*vous aidez ainsi des centaines d'hommes*
*et de femmes à vivre en communauté.*

Rangement, déménagement,
héritage, manque de place... on a
toujours chez soi
quelques objets en trop :
vieux meubles, vêtements, livres,
bibelots, jouets,
appareils ménagers, etc.
Tout cela peut nous servir.
Nous réparons,
recyclons et vendons
tout ce qui peut encore être utile.
Alors ne jetez surtout rien.
Téléphonez ou écrivez-nous !
Nous passerons les prendre
gratuitement à votre domicile.
Ainsi, en donnant votre superflu
ou ce qui ne vous sert plus,
vous nous aidez à secourir
des personnes en difficulté.

# EMMAÜS VIT ET GRANDIT

*voir au verso les*
*renseignements pratiques*

2   Vous avez un ami qui vend des maisons en France et qui veut se débarrasser de beaucoup d'objets. Il ne sait pas comment faire, mais vous avez une idée: donner tout ce qui est superflu à Emmaüs. Commentez le prospectus pour votre ami, qui ne comprend que l'anglais, et qui veut savoir les choses suivantes:

(a) Do I have to take the things to them, or can they collect them?

(b) Do I have to pay for the service?

(c) How can I get in touch with the Emmaüs people?

Now you are going to scan the leaflet in order to find out how the constructions *ce qui* and *ce que* are used, our next grammar point in this topic.

## Activité 10
**5   MINUTES**

1   Les expresssions 'ce qui' et 'ce que' se trouvent quatre fois en tout dans le prospectus. Copiez-les sur une feuille (en vous aidant des indications ci-dessous).

(a) ce qu_____ donnez

(b) ce qu_____ utilisable

(c) ce qu_____ utile

(d) ce qu_____ plus

2   Traduisez 'ce qui' et 'ce que' dans chacune des phrases ci-dessus sans consulter la grammaire qui suit.

## Using the relative pronouns 'qui' and 'ce qui'

When used in statements, these two phrases just mean 'what'. They can also mean 'the things which'.

Thus, in the leaflet:

*Nous réparons **ce qui** est utilisable.*
We mend **the things which** are still usable.

You may also remember that in the previous topic, you heard that Patrice:

*fait le tri de tout **ce qui** arrive à la communauté.*
sorts out all **the things which** come to the community.

The examples above contain *ce*, whereas those below do not:

> *Je répare une serrure **qui** peut encore être utile.*
> I'm repairing a lock **which** can still be of use.

> *Il fait le tri des lettres **qui** arrivent à la communauté.*
> He sorts out the letters **which** come to the community.

Think for a moment why this is, by looking at the word preceding *qui* in all four examples: *ce*; *ce*; *serrure*; *lettres*.

Clearly, the last two examples specify exactly what thing or things the pronoun *qui* stands for. In the first two examples, the exact items are not given, and *ce* stands for a variety of unspecified things. Often *ce* stands for a general fact or idea, as in:

> *Ces familles se sont lourdement endettées, **ce qui** les a placées dans une situation intolérable.*
> These families ran more and more into debt, **which** put them in an impossible situation (*ce* = the fact that these families contracted heavy debts).

> *60% des emplois proviennent du marché caché, **ce qui** surprend la plupart des gens.*
> 60% of jobs are found within the 'hidden' job market, **which** is surprising to most people (*ce* = the idea that 60% of jobs are found within the hidden job market).

In both these examples, *ce qui* is translated by 'which'.

Here is an *activité* to help you focus on the difference between *qui* and *ce qui*.

## Activité 11
**10 MINUTES**

Remplissez les trous avec 'qui' ou 'ce qui'.

1   Comme ce n'est pas cher, j'achète tout _____ me plaît.

2   Nous accueillons des gens _____ sont à la rue.

3   Je vais vous expliquer _____ constitue notre philosophie.

4   Voilà un magasin _____ n'est pas ordinaire.

5   Le fait d'avoir des contacts humains et d'être entourés, c'est _____ est le plus important pour eux.

### Using 'ce qui' and 'ce que'

When do you use *ce qui* and when do you use *ce que*? The rule is the same as for selecting between *qui* and *que*. To choose the correct form, it is important to remember the distinction betwen the subject and the object of a verb, which is explained in the Glossary of your Study Guide. You may like to check there before continuing.

In *ce qui*, the pronoun *qui* replaces the subject of the verb that follows it.

> *Je sais **ce qui** arrive quand j'utilise ma carte de crédit.*
> I know **what** happens when I use my credit card.

In *ce que*, the pronoun *que* replaces the direct object of the verb that follows it.

> *J'ai dit à la police **ce que** je savais de la suspecte.*
> I told the police **what** I knew of the suspected woman.

*Ce que* is shortened to *ce qu'* when the word that follows it begins with a vowel (note that *ce qui* is never shortened).

> *On fait **ce qu'**on peut.*
> We do **what** we can.

If you need to check these structures, turn to your Grammar Book, pages 85–6 (*qui* and *que*) and pages 89–90 (*ce qui* and *ce que*). Here are two *activités* to help you put this into practice.

## Activité 12
**10 MINUTES**

Complétez les phrases suivantes avec 'ce qui', 'ce que' ou 'ce qu''. Vous le ferez plus facilement si vous relisez attentivement les Activités 1 à 3.

1  Un environnement où ils puissent prendre des responsabilités, voilà

_____ Jean veut donner aux sans-abri.

2  Je ne me souviens pas de _____ est absolument interdit à la

communauté Emmaüs. C'est l'alcool ou le tabac?

3  Patrice a expliqué qu'Emmaüs donne de quoi manger aux compagnons,

mais _____ il a réellement dit, c'est 'la nourriture'.

In the following *activité*, you are given beginnings and ends of sentences to be matched, on the basis of context and agreement patterns. Then you will fill the gap with *ce qui* or *ce que* to complete each sentence.

## *Activité 13*
**20 MINUTES**

La colonne A vous donne des débuts de phrase. La colonne B vous donne des fins de phrase. Joignez les deux parties en les reliant par 'ce qui' ou 'ce que' (chaque paire doit contenir une idée cohérente).

| *Colonne A* | *Colonne B* |
|---|---|
| 1  Les compagnons vont t'expliquer au téléphone _____ | (a)  nous préoccupait le plus. |
| 2  Je vous envoie la liste de _____ | (b)  on lit dans les journaux. |
| 3  Êtes-vous certain(e) de _____ | (c)  vous devez joindre à votre demande d'inscription. |
| 4  Mettez dans un sac-poubelle tout _____ | (d)  il y a dans ton assiette! |
| 5  Il ne faut pas croire tout _____ | (e)  vous dites? |
| 6  Tais-toi et finis _____ | (f)  il faut faire pour te débarrasser de tes vieux meubles. |
| 7  Quand nos enfants étaient petits, le manque de place, c'était _____ | (g)  se recycle et dans un autre les choses à jeter. |

*Modèle*

1   Les compagnons vont t'expliquer au téléphone **ce qu'**il faut faire pour te débarrasser de tes vieux meubles. (The use of the *tu* form is the clue to recognizing this pair.)

## Using the verb 'servir à'

In *Activité 10* you wrote:

*Ce qui ne vous sert plus.*
The things which are no longer of any use to you.

The verb *servir* in this context is best translated by 'to be of use'. With the personal pronoun (*me/te/lui,* etc.), it is used to say what is 'useful' or 'any use' to me/you/him/her, etc:

> *J'ai une petite étagère qui ne me sert plus.*
> I have a little bookshelf which is no longer of any use to me.

When discussing how useful something is, not to a particular person but in general, use *servir à,* as in these examples:

> *Ça ne sert à rien.*
> It is no use.
>
> *Est-ce que ça sert à quelque chose?*
> Is it of any use?

Finally, if you want to ask about the use of something, say *ça sert à,* for example:

- *Un baromètre, à quoi ça sert?* (or *ça sert à quoi?*)

- *Ça sert à mesurer la pression atmosphérique.*

- What do you use a barometer for?

- You use it to measure atmospheric pressure.

Note that there is no liaison between *sert* and *à quoi* in the above example, and that *ça sert à quoi* is pronounced as one block of sound: [sasɛrakwa]. (You will hear this when you do *Activité 16*.)

## Activité 14
### 1 5  M I N U T E S

1  Relisez la brochure d'Emmaüs et écrivez les deux expressions qui contiennent le verbe 'servir'.

2  Traduisez les phrases suivantes, en utilisant le verbe 'servir'.

   (a) These old bottles are of no use to us.

   (b) I am going to sort out the clothes which are no longer any use to me.

In the next *activité*, you are going to summarize the Emmaüs leaflet in order to add to the notes which you started collecting when you did *Activité 7*. So jot this summary down on a separate sheet, with topic number and title at the top, and slot it into your dossier, with the work you did for *Activité 7*. As you will find out in the next *activité*, the most difficult thing, when answering a question with a written résumé, is to refrain from going beyond the scope of what the question is asking. This is why we are going to limit you to a very brief response. Within your answer, however, you should also try to re-use phrases from this book (and previous ones), and to use as many link words to string your arguments together (even if, in this case, there are only two sides to the question).

## Activité 15
**15 MINUTES**

Basez-vous sur le texte et sur ce que vous avez appris avec la vidéo 'La communauté d'Angers'. Inventez une ou deux phrases en français pour répondre à la question suivante:

> Comment la communauté Emmaüs trouve-t-elle de l'argent et que fait-elle de cet argent?

Dans votre réponse, vous parlerez du rôle du public, du rôle des sans-logis, et vous expliquerez le rapport entre ces personnes, la communauté Emmaüs et l'argent.

Now listen to a telephone conversation between one of the Emmaüs workers and someone who has things to give. This is in preparation for the last *activité* of the topic, in which you will take part in a similar conversation.

## Activité 16
**15 MINUTES**

**AUDIO 1**

1 Écoutez l'extrait et répondez par écrit en anglais aux questions suivantes (vous pouvez arrêter la bande pour répondre aux questions, mais ne lisez pas tout de suite la transcription).

(a) What does the person want to get rid of?

(b) The person is concerned about one broken item. Which one?

(c) How does the Emmaüs person react to this?

(d) When will Emmaüs come to collect the things?

(e) Does the person live in a flat or in a house?

2 Écoutez de nouveau l'extrait, mais cette fois-ci regardez la transcription ci-dessous.

Robert, un compagnon d'Emmaüs, répond au téléphone à Elisabeth, qui a des choses à donner.

> Robert      Allô, ici Emmaüs Angers.
>
> Elisabeth      Oui, bonjour. Je voudrais savoir si vous pouvez passer chez moi. J'ai un grenier à débarrasser. Est-ce que ça vous intéresse?

| | |
|---|---|
| Robert | Oui, bien sûr. Qu'est-ce qu'il y a à prendre éventuellement? |
| Elisabeth | Eh bien, il y a une grosse armoire dont je voudrais me débarrasser, des vêtements, et puis il y a aussi une cuisinière, mais elle marche pas en ce moment... Elle ne sert à rien. |
| Robert | Oh, vous savez, on regardera et si elle est encore utilisable, on la réparera! On répare tout ce qui est utilisable. |
| Elisabeth | J'ai aussi un appareil ménager un peu spécial. |
| Robert | Ah bon, ça sert à quoi? |
| Elisabeth | Ça sert à trier les légumes. |
| Robert | Oui, oui, on le récupère. Tout se vend, vous savez! |
| Elisabeth | Ah bon, d'accord. Eh bien, c'est très bien. Quand est-ce que vous pouvez venir? |
| Robert | Dans la journée de lundi. Lundi après-midi, ça vous va? |
| Elisabeth | Oui, c'est parfait. |
| Robert | C'est à quelle adresse? |
| Elisabeth | 125, rue Mozart. |
| Robert | 125, rue Mozart. Oui, et c'est à l'étage? |
| Elisabeth | Non, c'est une maison particulière. |
| Robert | Bon, eh bien, on vous fera ça lundi prochain dans l'après-midi. D'accord? |
| Elisabeth | D'accord. Eh bien, merci beaucoup. Au revoir. |
| Robert | Au revoir. |

## *Activité 17*
### 15 MINUTES
**AUDIO 2**

À votre tour d'organiser une collecte d'objets pour Emmaüs. Répondez au responsable d'Emmaüs, qui souhaite venir chercher divers objets. Vos répliques vous sont suggérées en anglais. Quand vous donnerez l'heure, utilisez le système des vingt-quatre heures (par exemple, quatorze heures, dix-huit heures).

# Faites le bilan

When you have completed this section of the book, you should be able to:

- Use the French passive (*Activité 4*).
- Recognize two ways in which the English passive can be translated into French (*Activités 5* and *8*).
- Use the relative pronouns *ce qui* and *ce que* accurately (*Activités 11* and *12*).
- Use the verb *servir à* in three different constructions (*Activité 14*).

# Vocabulaire à retenir

## 1.1 La communauté d'Angers

les sans-logis

procurer quelque chose à quelqu'un

accueillir, on est très bien accueillis

se prendre en charge

prendre des responsabilités

c'est extrêmement dur

dépenser beaucoup

récupérer

se débarrasser de quelque chose

subvenir aux besoins de quelqu'un

procurer du travail à quelqu'un

on ne sait où/je ne sais plus où les mettre

en échange de

nous sommes tenus à

trier, faire le tri de

tôt ou tard

## 1.2 Ne jetez rien: téléphonez ou écrivez-nous

avoir quelque chose en trop

un déménagement

déménager

le manque de place

secourir

le ramassage

un appareil ménager

ça sert à quelque chose, ça ne sert à rien, ça me sert à, ça sert à quoi?

débarrasser un grenier

encore utilisable

passer (chez quelqu'un)

à l'étage

être en difficulté, des familles en difficulté

# 2 La faim et la honte

## STUDY CHART

| | Topic | Activity/timing | Audio/video | Key points |
|---|---|---|---|---|
| **2 hrs** | 2.1 Un nouveau pauvre | 18 (10 mins)<br>19 (10 mins) | | Vocabulary: unemployment |
| | | 20 (10 mins) | | Vocabulary: attitudes towards charity |
| | | 21 (5 mins) | | Recognizing two meanings of où |
| | | 22 (15 mins) | Audio | Using the two meanings of où in speech |
| | | 23 (25 mins) | | Telling a story |
| **1 hr 20 mins** | 2.2 ATD Quart-Monde | 24 (15 mins) | Audio | Understanding a brief factual exposé |
| | | 25 (15 mins) | Audio | Understanding a story (events and attitudes) |
| | | 26 (20 mins) | | Translating a story |
| | | 27 (10 mins) | | Summarizing and making notes |
| **1 hr** | 2.3 La Grasse Matinée | 28 (10 mins) | Audio | Listening to a poem |
| | | 29 (5 mins) | | Vocabulary: hunger and street life |
| | | 30 (10 mins) | | |
| | | 31 (10 mins) | Audio | Recognizing the sounds [ɥi] and [i] |

*I*n the first topic of this section we meet Michel, *un nouveau pauvre*, who has recently experienced being homeless, and who gives us an insight into his problems. The second topic, *ATD Quart-Monde*, is concerned with a charity which aims to help the poor to help themselves. Most of the work connected with this topic helps you practise your listening skills. The third topic introduces a poem on poverty and hunger, *La Grasse Matinée*.

## 2.1 Un nouveau pauvre

The text on page 23 deals with the issue of the new poor, i.e. people who are now impoverished although in the past they might have expected to be safe from poverty, owing to their background and qualifications. In the first section you learned three phrases for referring to the homeless. The phrase used in the title of our story also means 'of no fixed abode' (*sans domicile fixe*, often abbreviated to *SDF*). You will learn about the various organizations that provide shelter and general help for the homeless.

Having understood the detailed circumstances of Michel's predicament, and the general issues underlying his situation, you will be asked to tell a similar story.

Before you start reading, here is an *activité* to help you recognize a number of the words you will meet in the text. This will make the text, *Sans domicile fixe*, a lot easier to read when you come to it.

### Activité 18
**10 MINUTES**

Sans consulter le dictionnaire, associez les expressions suivantes et leurs équivalents anglais (pour comprendre la première, souvenez-vous de l'ANPE).

| | |
|---|---|
| *il a fait le tour des agences* | he did everything possible |
| *sa société lui a annoncé* | he went round the job centres |
| *il n'a plus jamais retrouvé de travail* | he never got another job |
| *il n'embauche pas d'employés plus diplômés que lui* | come and see us again |
| *revenez nous voir* | he doesn't take on staff who are better qualified than he is |
| *il a fait tout ce qu'il pouvait faire* | his company told him |

You are now ready to read the text, and the next *activité* should help you to understand the general sense of it. Try not to let details slow down your reading, but concentrate instead on the information you need to answer the questions.

## *Activité 19*
### 1 0   M I N U T E S

1  Lisez le texte en pensant aux trois questions ci-dessous. N'y répondez pas maintenant!

(a) Pourquoi peut-on appeler Michel un 'nouveau pauvre'?

(b) Qu'est-ce que les employeurs pensent de Michel?

(c) Lorsqu'il arrive à la paroisse de Saint-Merri, Michel ne peut pas manger. Comment décrire les émotions qu'il ressent?

### *Sans domicile fixe*

1   Michel était technicien et gagnait 23 000 francs par mois jusqu'au jour où sa société lui a annoncé que son contrat ne serait pas renouvelé. Depuis, Michel n'a plus jamais retrouvé de travail. Comme chaque jour depuis deux mois, il va au numéro 43 de la
5   rue d'Aubervilliers dans le 19e arrondissement, où se trouve le local de Solidarité Chômeurs – un organisme d'écoute et d'entraide du Secours Catholique. Il est sept heures et demie. Michel a le temps de boire un café: Solidarité Chômeurs n'ouvre qu'à partir de huit heures. Il a froid. Il a quitté trop tôt le centre
10   d'hébergement de l'Armée du Salut où il couche depuis cinq mois. C'est un centre payant: 1 100 francs par mois pour un lit dans un dortoir de seize personnes, ainsi que pour un petit déjeuner copieux et un dîner chaud. Mais, justement, il ne trouve même plus de petits boulots et il va bientôt être obligé de rejoindre
15   d'autres centres d'hébergement gratuits, où aucun pensionnaire ne peut rester plus de quinze jours.

Plus tard dans la journée, Michel fait le tour des agences où il obtient toujours la même réponse: 'Pas de travail dans votre qualification, monsieur. Revenez nous voir'. Parfois, il insiste:
20   'J'accepte un poste d'ouvrier'. Stupeur de l'employé: 'Vous n'y pensez pas! Quel chef de service accepterait que vous soyez plus diplômé que lui? De toute façon, les patrons préfèrent embaucher des jeunes moins qualifiés, qu'ils payent moins cher'.

Michel a frappé à toutes les portes pendant des semaines. Il a fait
25   tout ce qu'il pouvait faire. Mais il a été obligé de quitter l'Armée du Salut. Il se retrouve finalement devant la paroisse Saint-Merri où sont installés les Restaurants du Cœur. Une centaine de personnes attendent leur repas: un bol de soupe, deux boîtes de sardines à la tomate, deux barres de chocolat, un yaourt, du lait et
30   un morceau de pain. Il y a beaucoup d'hommes jeunes, mais aussi des vieux, des femmes et des réfugiés venus d'Europe centrale, Polonais, Russes, Roumains... Michel préfère rester le ventre vide. Il se contente de regarder le cœur serré.

**Pour vous aider**

*ne serait pas renouvelé*   would not be renewed

*un arrondissement*   an urban district
  (administrative division in large towns, notably Paris)

*le local*   the premises

*l'Armée du Salut*   the Salvation Army

*ainsi que*   as well as

*justement*   precisely (sometimes used to mean 'that's the point!')

*il ne trouve même plus de petits boulots*   he can't even get odd
  jobs any more

*rejoindre*  to go to

*vous n'y pensez pas!*   you can't be serious!

*la paroisse de Saint-Merri*   Saint Merri's church (literally 'parish')

*rester le ventre vide*   remain hungry (stay with your stomach
  empty)

*le cœur serré*   with a heavy heart

2   Maintenant, vous pouvez revenir sur les trois questions de la page 23:
    parmi les déclarations suivantes, choisissez-en deux qui répondent à la
    question (a), deux qui répondent à la question (b), et deux qui
    répondent à la question (c).

    (i)   il a pitié des autres

    (ii)  il a été victime de la crise économique

    (iii) il est surqualifié

    (iv)  il gagnait bien sa vie avant

    (v)   il a honte de sa situation

    (vi)  il coûte trop cher à embaucher

In the next *activité*, you are going to create notes which will help you to
write your essay later on. Add them to the resources in your dossier for
the work in Section 6. Then, in *Activité 21* you will work on the different
uses of *où*.

## Activité 20
**10 MINUTES**

1   Remplissez les trous avec deux explications différentes pour faire une
    phrase complète qui résume le deuxième paragraphe du texte.

    Il ne trouve pas de travail dans sa qualification parce qu _____

    _____ et qu _____

    _____ .

2  Remplissez le trou en faisant le bon choix parmi les termes proposés dans l'encadré.

La situation économique actuelle _____

l'intégration des nouveaux pauvres dans la société.

favorise; fait obstacle à; explique

3  Vous avez maintenant des phrases complètes pour (1) et (2). Copiez-les sur une feuille que vous garderez pour la Section 6.

*Activité 21*
5   M I N U T E S

1  Le mot 'où' est utilisé trois fois dans les lignes 5 à 15 du premier paragraphe et une fois dans le dernier paragraphe du texte. Notez le mot anglais qui traduit 'où' dans chaque cas.

2  Le mot 'où' paraît aussi dans une autre phrase, ligne 2, avec un sens différent. Comment traduire 'où' dans ce cas-là?

## Using 'où' to refer to time

In French a single pronoun, *où*, expresses both 'where' (space) and 'when' (time). If your native language is English, however, you may have to fight against the temptation to use *quand* in sentences that refer to time. The three examples below show you that 'when' sometimes translates as *où* and sometimes as *quand*:

*Tu te souviens de l'hiver **où** Michel venait nous voir tous les dimanches?*
Do you remember the winter **when** Michel used to come and see us every Sunday?

*Les jours **où** il allait à l'ANPE, il voyait beaucoup de gens dans la même situation que lui.*
On days **when** he went to the ANPE, he used to see many people in the same situation as himself.

*L'hiver, **quand** Michel venait nous voir, il apportait toujours des cadeaux aux enfants.*
In the winter, **when** Michel used to come and see us, he always brought presents for the children.

You should translate 'when' as *où* whenever it is possible to replace the time phrase by 'the particular ... when'. The first example above can be rephrased as:

> Do you remember **the particular** winter **when** Michel used to come and see us (which implies that there were other winters when he didn't come and see us every Sunday).

The second example can be rewritten as:

> On **the particular** days **when** Michel went to the ANPE, there was never anything for him (which implies that there were other days when he didn't go to the ANPE).

This is impossible with the final example, as the implication is that he came every winter.

When writing, you also have to remember the difference between *où* (with an accent) and *ou,* meaning 'or' (without an accent). If you need a mnemonic tip to help you make the distinction, maybe you could tell yourself that there are more letters in 'when' than in 'or', and that there is also more to write in *où* than in *ou*!

You could jot down in your dossier:

> *le jour où...*
> on the day when...
>
> *l'année où...*
> in the year when...
>
> *au moment où...*
> at the time when...

A few more examples are given in your Grammar Book on page 89.

The next *activité* develops your ability to use *où* or *quand* correctly in speech. Try not to make notes of what you are going to say, as you should aim for some spontaneity.

**Activité 22**
**15 MINUTES**
**AUDIO 3**

Vous ne vous sentez pas en forme et vous allez consulter un médecin. Écoutez l'Extrait 3 et répondez à ses questions selon les indications données en anglais.

The next *activité* invites you to retell Michel's story by speaking it out loud or (preferably) recording it on your cassette. Here are a few techniques for successful speaking: make sure that you are familiar with the key vocabulary of the talk in advance; make brief notes but do not write out the whole story; rehearse your monologue two or three times; only record when you feel you are ready; finally, listen to yourself afterwards and try and see what you think of your speed (too slow, too fast, too hesitant?) and your intonation (too monotonous?). Listen to your pronunciation: can you hear individual sounds being mispronounced? If so, make a note of them and check them, using your Phonetics Cassette. Finally, if you have a friend who knows some French, you might try asking for some help, or for an opinion from him/her.

## *Activité 23*
### 2 5 M I N U T E S

Imaginez maintenant que vous êtes Michel (ou Michelle, si vous êtes une femme), trente ans plus tard. Vous avez eu de la chance: plus tard, vous avez pu retrouver du travail et vous réinsérer dans la société. Vous êtes avec votre petit-fils (ou petite-fille), qui a une quinzaine d'années, et vous lui racontez ce moment pénible de votre vie où vous étiez au chômage et sans domicile fixe.

Faites un monologue qui comprend les éléments ci-dessous. Faites attention à utiliser correctement l'imparfait et le passé composé.

### *Les éléments de votre histoire:*

- Vous commencez par lui expliquer ce que vous faisiez avant d'être au chômage.

- Vous racontez ensuite que votre contrat n'a pas été renouvelé.

- Vous dites pourquoi vous êtes devenu(e) un(e) sans-abri.

- Vous expliquez comment se passaient vos nuits et le début de vos journées, où vous étiez à sept heures et demie, ce que vous faisiez en attendant huit heures, si vous aviez chaud ou froid.

- Vous parlez ensuite de vos visites aux agences pour l'emploi et de leur réponse, toujours négative. Vous racontez votre réaction devant le repas des pauvres de la paroisse Saint-Merri.

- Vous concluez en décrivant vos sentiments le jour où, enfin, vous avez retrouvé du travail.

## 2.2 *ATD Quart-Monde*

Food, a roof over one's head, a way to earn some money: these are basic requirements for a decent life. But some people also need to be helped to overcome their fear of the authorities, of officialdom, so that they may be successful in asserting themselves and claiming their rights. This is one of the concerns of the organization which is the focus of this topic, *ATD Quart-Monde*.

ATD stands for *Aide à Toute Détresse* (help for those in any kind of distress). As for *le Quart-Monde*, the expression refers to the urban homeless and the very poor of the Western world, as opposed to those in developing countries, *le Tiers-Monde*.

ATD Quart-Monde was created in 1957 by Father Joseph Wrésinski. ATD are concerned principally with people who come from poor backgrounds (as opposed to *nouveaux pauvres*, such as Michel). In the interview that you are going to hear, Jacques Briant who works for ATD explains that the methods used by his organization are radically different from those of Emmaüs.

You are going to concentrate on listening, in order to understand the gist and some selected details (the attitudes of the women in the story). Jacques Briant's skill at telling the story will act as a model for you as you will then tell a similar story on cassette.

In the first part of the recording, Jacques Briant explains the aims of his organization, and in the second part he tells an anecdote. The next two *activités* concentrate on helping you to understand each part in turn.

*Activité 24*

**1 5   M I N U T E S**

**A U D I O   4**

1   Écoutez l'extrait en lisant la transcription ci-dessous.

Alors justement, nous, euh, à ATD… on se veut très complémentaires d'organisations qui existent et qui font très bien… très très bien ce qu'ils* font, par exemple, comme le Secours Catholique, euh, Emmaüs, la Croix Rouge, d'autres organisations comme ça, qui font ce qu'on appelle de _____ matérielle directe; c'est-à-dire qui vraiment _____ de _____ aux _____ immédiats des gens.

Hein, c'est des problèmes de _____ , oui, mais beaucoup… de nourriture… de vêtements, enfin de chauffage et toutes ces choses-là. Mais si ces _____-là existent, c'est parce que justement, à la base, il y a ce manque de _____ , ce manque de _____ , ce manque de _____ en eux.

\* C'est une erreur de Jacques Briant. Le pronom correct est 'elles'.

**Pour vous aider**

*le Secours Catholique*   charitable organization providing aid to the poor in France and in developing countries

> *la Croix Rouge*   the Red Cross
>
> *à la base*   initially
>
> *la formation*   education (often used to mean training)

2   Maintenant, mettez les mots qui manquent dans la transcription (ne regardez pas le corrigé avant d'avoir fait la troisième partie de l'activité).

3   Retrouvez dans la transcription les expressions qui correspondent aux traductions anglaises suivantes et notez-les.

   (a) precisely

   (b) to provide for the basic needs of people

## Activité 25
**1 5   M I N U T E S**

**A U D I O   5**

1   Lisez d'abord les questions ci-dessous.

   (a) Les travailleurs d'ATD Quart-Monde accompagnent parfois les gens. Dans quelles circonstances le font-ils?

   quand les gens n'ont pas de voiture   ❑

   quand les gens ont peur   ❑

   (b) Dans l'exemple donné, qui est allé à l'hôpital?

   deux jeunes filles   ❑

   une vieille dame et sa sœur   ❑

   une mère et sa fille   ❑

   (c) L'hôpital était loin. Il était:

   à cinq kilomètres?   ❑

   à vingt minutes de marche?   ❑

   (d) Que s'est-il passé quand la personne à l'accueil a levé la tête pour leur demander ce qu'elles voulaient?

   la personne de l'accueil a dit que c'était fermé   ❑

   il y avait des gens avant, qui ont protesté   ❑

   elles ont paniqué   ❑

   (e) Jacques Briant pense qu'il y a deux explications à ces problèmes. Quelles sont les deux remarques qu'il a faites?

   les gens ont honte   ❑

   les gens sont malades   ❑

   les gens n'ont pas confiance en eux   ❑

   les gens sont pauvres   ❑

2   Maintenant, écoutez l'Extrait 5 et choisissez la bonne réponse pour chaque question.

### Pour vous aider

*on fait de l'accompagnement*   we provide support (by going with people to the places where they do not wish to go alone)

*les soutenir*   give them support

*ils sont amenés à*   they find themselves having to

*qui ont pris sur elles*   who plucked up courage

*assez fortes*   rather overweight

*elles se font remarquer*   people notice them (i.e. stare)

*des gens qui ne sont pas bien dans leur peau*   people who feel ill-at-ease within themselves

In the next *activité*, as a revision of what you have learned so far, you are going to translate a short anecdote, about an embarrassing incident. You should also decide before you start which past tense you are going to use (perfect or imperfect) throughout paragraph 1, and which past tense is appropriate for paragraph 2. (The last line is not in the past.)

## Activité 26
### 20 MINUTES

Traduisez en français l'histoire suivante.

I used to have too many pieces of furniture. There were so many of them that I didn't know where to put them any more.

One day, I decided to throw away an old kitchen table. I put it in a skip and I went back home. The following month, I went to see a neighbour, a refugee from Central Europe. Do you know what I saw when I went in? The old kitchen table, restored and cleaned! So I felt ashamed.

Now I give away all the things which are no longer of any use to me.

In the next *activité* you have to choose between summaries. When you have chosen, copy out the summary, and add it to the collection of notes which you are compiling for your work in Section 6. If you completed *Activité 25*, you should not need to listen to *Extrait 5* again.

*Activité 27*

1 Choisissez le résumé qui illustre le mieux les méthodes d'ATD, d'après ce que dit Jacques Briant.

(a) ATD est une organisation qui donne directement de l'argent aux gens.

(b) ATD ne donne pas d'aide financière directe aux gens, mais elle leur donne logement, nourriture et vêtements.

(c) ATD ne donne pas d'aide matérielle aux gens mais elle leur donne un soutien moral et elle les accompagne dans des démarches difficiles.

2 Copiez le bon résumé sur une feuille que vous garderez pour la Section 6.

## 2.3 *La Grasse Matinée*

The poet Jacques Prévert wrote beautifully about social injustice. This section looks at one of his poems, *La Grasse Matinée*, which is taken from Prévert's very first collection, *Paroles* (1946). If you don't understand the meaning of the title, be patient, it will emerge at the end of the topic!

As you work on the text itself, you will appreciate the poet's use of simple, stark vocabulary, informal French and shocking imagery. And if you enjoy learning poetry by heart, you may like to memorize a part (say, the first eight lines) of the text. Do this at the end of the section, after you have finished studying the text. It will help give you a feel for the rhythms and sounds of French, and it will also be good for your vocabulary.

In the first *activité*, you are going to hear the whole poem. The idea is not to understand it all at first, but to understand what you can and to enjoy the sound of it! Do go to the trouble of playing the *extrait*, as the reader's voice and intonations will help you understand more of the poem than if you simply read it. In *Activité 29*, you will work on some vocabulary that will enable you to understand the detail of the poem.

## Activité 28
**10 MINUTES**

**AUDIO 6**    1   Écoutez tout le poème en le lisant.

### LA GRASSE MATINÉE

Il est terrible
le petit bruit de l'œuf dur cassé sur un comptoir d'étain
il est terrible ce bruit
quand il remue dans la mémoire de l'homme qui a faim
elle est terrible aussi la tête de l'homme
la tête de l'homme qui a faim
quand il se regarde à six heures du matin
dans la glace du grand magasin
une tête couleur de poussière
ce n'est pas sa tête pourtant qu'il regarde
dans la vitrine de chez Potin
il s'en fout de sa tête l'homme
il n'y pense pas
il songe
il imagine une autre tête
une tête de veau par exemple
avec une sauce de vinaigre
ou une tête de n'importe quoi qui se mange
et il remue doucement la mâchoire
doucement
et il grince des dents doucement
car le monde se paye sa tête
et il ne peut rien contre ce monde
et il compte sur ses doigts un deux trois
un deux trois
cela fait trois jours qu'il n'a pas mangé
et il a beau se répéter depuis trois jours
Ça ne peut pas durer
ça dure
trois jours
trois nuits
sans manger

et derrière ces vitres
ces pâtés ces bouteilles ces conserves
poissons morts protégés par les boîtes
boîtes protégées par les vitres
vitres protégées par les flics
flics protégés par la crainte
que de barricades pour six malheureuses sardines..
Un peu plus loin le bistro
café-crème et croissants chauds
l'homme titube
et dans l'intérieur de sa tête
un brouillard de mots
un brouillard de mots
sardines à manger
œuf dur café-crème
café arrosé rhum
café-crème
café-crème
café-crime arrosé sang !...
Un homme très estimé dans son quartier
a été égorgé en plein jour
l'assassin le vagabond lui a volé
deux francs
soit un café arrosé
zéro franc soixante-dix
deux tartines beurrées
et vingt-cinq centimes pour le pourboire du garçon.
Il est terrible
le petit bruit de l'œuf dur cassé sur un comptoir d'étain
il est terrible ce bruit
quand il remue dans la mémoire de l'homme qui a faim.

---

*Pour vous aider*

*terrible*   ghastly, or frighteningly awful (this word is stronger than its
    English cognate.
    Be careful however, as in informal speech it often means 'terrific')

*le comptoir d'étain*   the bar counter (with the top lined with tin or more
    usually zinc)

*qui remue*   which stirs

*la poussière*   the dust

*il songe*   he's in a dream

*une tête de veau*   a calf's head (traditional French dish, often on display
    in charcuterie windows)

*il grince des dents*   he grinds his teeth

*il ne peut rien contre*   he's powerless against it

*la crainte*   fear

*un peu plus loin* a bit further on
*l'homme titube* the man staggers
*arrosé* laced with

2 Vous pouvez, si vous avez le temps, réécouter le poème et dire à voix haute en même temps que l'acteur la partie qui va de 'Il est terrible' (ligne 1) à 'magasin' (ligne 8).

*Activité 29*

**5 MINUTES**

Dans ce poème on peut distinguer plusieurs catégories de vocabulaire. Donnez quatre mots ou expressions du poème que l'on peut classer dans les catégories suivantes.

1 au café

2 devant le magasin

3 choses pour la table

4 le crime

## Building up vocabulary

In the preceding *activité*, under *choses pour la table* you learned a bit of everyday vocabulary for things that can be found on any French table or bar counter. Are you in the habit of grouping words in categories, when making notes for yourself? If not, here are some ideas: use your dossier to note vocabulary which is of greatest relevance to you. For example, if you're interested in computers, start a list or a mind map of nouns, verbs, adjectives, phrases, anything at all to do with computers, and head it *Les ordinateurs,* as we have done on the following page.

If you sing in a choir or play an instrument, your list or map could be called *La musique.* If you're keen on politics, start a page dedicated to *La politique,* etc. As you study (or revise) the materials, you may discover other phrases of particular interest to you. Build up your lists by collecting phrases from your course books (for example, how to talk about credit cards, or phrases to use when carrying out a telephone conversation, in Book 1 of *Valeurs*). You may also like to use your own reading, your dictionary, a French friend, etc. Do test yourself regularly to make sure you remember them.

Les ordinateurs
(computers)

**Le matériel**
(hardware)
un écran
(a screen)
un moniteur
(a monitor)
une souris
(a mouse)
un clavier
(a keyboard)
une imprimante
(a printer)
une disquette
(a (floppy) disk)

**Le logiciel**
(software)
un programme
(a program)
un tableur
(a spreadsheet)
une base de données
(a database)
un utilitaire
(a utility)

Useful verbs

charger un programme
(to load a program)
sauvegarder un document
(to save a file)
effacer un document
(to erase a file)

A mind map

34

For a more global understanding of the poem, here is an exercise which requires you to re-read the whole of the text. Try to do this without the dictionary, as you are meant to be concentrating on the general meaning and the connections in the poem, rather than the detail.

*Activité 30*
**1 0   M I N U T E S**

1   Relisez la fin du poème, depuis 'un brouillard de mots' (ligne 43). Complétez la colonne de droite ci-dessous pour montrer la transformation des mots dans la tête de l'homme qui a faim.

| café-crème … arrosé rhum | café-_____ arrosé _____ |
|---|---|

2   Les douze dernières lignes du poème nous parlent d'un crime et de deux hommes: un criminel et une victime. De qui parlent les descriptions ci-dessous? Mettez trois descriptions dans une des colonnes du tableau ct une description dans l'autre.

Un homme très estimé dans son quartier

l'assassin

le vagabond

l'homme qui a faim

| Le criminel | La victime |
|---|---|
|  |  |
|  |  |
|  |  |
|  |  |

3   Répondez en anglais à la question suivante: Deux francs, c'est le prix de quoi?

*en passant* ▪ ▪ ▪ ▪

Chez Potin: en général, pour tout magasin portant un nom de personne, on utilise la même préposition que pour les personnes (chez moi, *at my place*, chez Martine, *at Martine's*). Dans les autres cas, on utilise la préposition à: on va **chez** Potin, **chez** Marks & Spencer, mais **au** Printemps (grand magasin qui vend de tout), **à** la FNAC (magasin spécialisé dans les livres et la hi-fi), **à** Carrefour (hypermarket).

▪ ▪ ▪ ▪

### Using 'y penser'

Prévert shows the man's indifference to his appearance, in the lines:

- *Il s'en fout de sa tête, l'homme.*

- *Il n'y pense pas.*

- The man doesn't give a damn about what his face looks like.

- He's not thinking about that.

You may also remember how Michel in *Le nouveau pauvre* met with astonishment when he volunteered to take a job for which he was overqualified.

> *Vous n'y pensez pas!*
> You can't be serious (you can't be thinking about it)!

As you saw in Book 1 of *Valeurs*, the *y* in *y penser* represents *à quelque chose* (i.e. whatever the person is thinking about). Here are some everyday situations in which you might find the phrase helpful:

> *Votre proposition, j'y penserai.*
> I'll think about your proposal.

> *Et l'heure, tu y penses?*
> Are you keeping an eye on the time?

> *J'apprends du vocabulaire sans y penser.*
> I learn vocabulary without being aware of it.

- *J'ai peur, pour mon examen.*

- *Allons, n'y pense pas!*

- I'm worried about my exam.

- Come on, don't dwell on it!

Remember to position the *y* before the first part of the verb in the past tense.

> *Le visa, vous y avez pensé?*
> Did you remember the visa?

Remember, however, that *y* always comes after the verb in positive commands.

> *Pensez-y!*
> Think about it!

or, if you're on *tu* terms.

> *Penses-y!*

In this last example the final 's' of the verb is sounded, as if it were a 'z'. For more examples of this, see your Grammar Book page 133, note (i).

Note, however, that you should use *y* with *penser* when referring to things and ideas. For humans, the correct forms are *je pense à lui, je pense à elle, je pense à eux, je pense à elles* (I'm thinking about him, her, them).

The story of *La Grasse Matinée* is told through the sounds in the poem. In the first eleven lines, you will quite often come across the sounds [i] and [ɥi]. In *Activité 31* you will listen to these sounds, and practise pronouncing them. They can also serve as preparation for learning part of the poem by heart, if you have decided you want to do this.

*Activité 31*

**10 MINUTES**

**AUDIO 7**

1 Six phrases ou expressions contenant les sons [i] et [ɥi] sont enregistrées sur votre cassette. Écoutez chaque exemple, et mettez une croix dans la bonne colonne à chaque fois que vous entendez un de ces deux sons. Combien de croix avez-vous sur chaque ligne?

|     | [i] | [ɥi] |
|-----|-----|------|
| (a) |     |      |
| (b) |     |      |
| (c) |     |      |
| (d) |     |      |
| (e) |     |      |
| (f) |     |      |

2 Réécoutez l'extrait en lisant le corrigé et en prononçant les phrases à voix haute.

*en passant* ▶ ▶ ▶ ▶

Out of curiosity, have you tried translating the title of the poem? *Faire la grasse matinée* means 'to lie in'. *Grasse* brings to mind the idea of rich food, and of people overeating. We wouldn't like to have to commit ourselves to a translation for this title, although you might like to play around with this title yourself in English, if you have a poetic bent. Just for fun, here are some ideas:

• 'Rich morning' (as 'rich' refers both to 'well off', and to 'rich food' – we therefore still have a pun although a different one).

• 'A pig of a morning' (with 'bacony' connotations? It combines this with the idea of wretchedness, but it is too jokey, we feel).

- 'Breakfast on the hoof' (combining the ideas of eating with walking about).

- 'Lean mornings' (no pun here, but a poetic repetition of sounds).

- 'Blood on an empty stomach' (a bit gory, and rather too revealing of the final twist in the story to be a good title).

- 'Fat chance' (expressing the bitterness of the hungry character, while retaining some of the feel of the French title).

The idea is to pack as many different kinds of stylistic effects into a single phrase as possible, without losing the feel of the poem.

## *Faites le bilan*

When you have finished this section of the book, you should be able to:

- Recognize and use the relative pronoun *où* to mean 'when' and 'where' (*Activités 21* and *22*).

- Be able to recognize and pronounce the sounds [ɥi] and [i] (*Activité 31*).

## *Vocabulaire à retenir*

### 2.1 *Un nouveau pauvre*

il couche dehors

faire le tour des agences/des bureaux/des hôtels

renouveler un contrat

retrouver du travail

des petits boulots

justement

aucun, e ... ne peut ...

dans votre qualification

une formation

embaucher

licencier

vous n'y pensez pas!

### 2.2 *ATD Quart-Monde*

le manque de confiance en soi (en eux)/faire confiance à quelqu'un

soutenir quelqu'un

faire une démarche

avoir honte

être pris de panique

fort, e

### 2.3 *La Grasse Matinée*

terrible

le comptoir

remuer

il a beau se répéter

la mémoire

grincer des dents

il ne peut rien contre

ça ne peut pas durer

des conserves

en plein jour

malheureux, -euse

un peu plus loin

# 3 Les Restos du Cœur

## STUDY CHART

| | Topic | Activity/timing | Audio/video | Key points |
|---|---|---|---|---|
| 2 hrs 30 mins | 3.1 Le relais de Nantes | 32 (20 mins) | Video | Understanding the work of *Restos* and *Relais du Cœur* |
| | | 33 (5 mins) | | Expressing embarrassment |
| | | 34 (10 mins) | Video | Summarizing and making notes |
| | | 35 (20 mins) | Audio | Accepting a job as a volunteer worker |
| 1 hr 15 mins | 3.2 Un relais vers l'insertion | 36 (15 mins) | | Understanding a *Restos du Cœur* leaflet |
| | | 37 (25 mins) | Audio | Using *celui qui, ceux qui,* etc. |
| | | 38 (15 mins) | | Revision of passives |

*H*orrified by the increasing numbers of people unable to feed themselves and their families properly in France, while food goes to waste everywhere, the popular French comedian Coluche launched the famous *Restaurants du Cœur* (usually abbreviated as *les Restos du Cœur*) in September 1985. He died in 1986, but his restaurants kept going, providing a service for the public and an enduring reminder of a well-loved personality.

In this section, we see how Coluche's idea works in pratice, with the video sequence *Le relais de Nantes*, and with a leaflet produced by his organization: *Un relais vers l'insertion* (approximately, a 'relay towards becoming integrated', or 'a step closer to a normal life').

## 3.1 *Le relais de Nantes*

The organization set up by Coluche covers two types of establishment: the *Restaurants du Cœur* where meals are distributed, and the *Relais du Cœur* (named after the *relais routiers*, i.e. transport cafés), which hand out food and provisions rather than meals.

The video sequence presented here was filmed at *Le Relais du Cœur* in Nantes. As well as gaining an insight into an organization that works on very different principles from Emmaüs or ATD Quart-Monde, you can use this topic to help you learn vocabulary to describe people and express a variety of attitudes, including embarrassment, shame and relief, but also friendliness and togetherness.

The video starts with a queue of people waiting to get into the *Relais* for a ration of food to supplement their very low incomes (*revenus très bas* or *très faibles*). *Activité 32* gives you an overview of the issue. Do not feel obliged to try and understand every word. In order to answer the questions, all you need to aim for is visual observation, and a general understanding of what the people in the sequence are saying.

*Activité 32*

**20 MINUTES**

**VIDEO**

1  Regardez la séquence de 47:29 à 48:22 et cochez la bonne case pour répondre à la question suivante. Parmi les bénéficiaires, quel sexe est le plus nombreux?

(a) les hommes  ❑

(b) les femmes  ❑

**Pour vous aider**
*avec une carte prouvant que*  with a card proving that
*ces gens font la queue*  these people queue up
*fait partie de*  belongs to
*a lieu*  takes place

2 Regardez la séquence de 48:22 à 49:40 et cochez la bonne case pour répondre à la question suivante. Parmi les bénévoles, quel sexe est le plus représenté?

(a) pour aller chercher les invendus:

les hommes? ❑

les femmes? ❑

(b) pour trier les fruits et légumes:

les hommes? ❑

les femmes? ❑

**Pour vous aider**

*provient de*   originates from (infinitive *provenir*)

*les excédents de la Communauté Européenne*   the EEC food surpluses

*une équipe*   a team

*les invendus du jour*   the day's leftover produce (*invendu* means 'non-sold')

3 Regardez la séquence de 49:40 à 49:53. Gaëtane, la responsable, explique quel genre de personne travaille au Relais du Cœur. Choisissez les trois catégories mentionnées.

(a) les personnes à la retraite ❑

(b) les jeunes sans travail ❑

(c) les mères de famille ❑

(d) les assistantes sociales ❑

(e) les personnes qui ont des difficultés sociales ❑

4 Regardez la séquence de 49:53 à 50:52. 'Bénévoles' ou 'bénéficiaires'? Complétez chaque description avec le mot qui convient.

Ceux qui déjeunent ensemble, ce sont des _____ .

Ceux qui attendent derrière la porte verte, ce sont des

_____ .

5 Regardez la séquence de 50:52 à 51:23. Cochez l'adjectif qui représente le mieux l'attitude de Marie-Thérèse.

(a) orgueilleuse ❑

(b) timide ❑

(c) résignée ❑

(d) révoltée ❑

**Pour vous aider**

*l'orgueil* (m.)   pride

*la DDASS* (*la Direction Départementale de l'Action Sanitaire et Sociale*)   Government department responsible for example, for the care of children looked after by the social services, legal help, home helps for the elderly and people with disabilities, medical and financial help for people with a low income

6 Regardez la suite, de 51:23 à 51:36. Choisissez (a) ou (b). Chloé dit qu'elle:

(a) ne veut pas manger, par orgueil ❑

(b) ne pourrait pas manger sans les Restos ❑

7 Regardez la suite, de 51:36 à 52:23. Gaëtane pense que la pause-café a une certaine fonction. D'après ce que vous voyez, Gaëtane a-t-elle raison ou tort? Cochez la case appropriée.

(a) Gaëtane a raison ❑

(b) Gaëtane a tort ❑

**Pour vous aider**

*la convivialité*   togetherness

*le contact s'établit*   the (first) contact is made

*dialoguer*   to have an exchange

8 Regardez la suite, de 52:23 à 53:00. Choisissez les trois phrases représentant les activités que vous avez vues.

(a) une fleuriste prépare des bouquets ❑

(b) une dame choisit une chemise ❑

(c) un compagnon répare des ciseaux ❑

(d) un coiffeur coupe les cheveux d'un bénéficiaire ❑

(e) une couturière retouche un vêtement ❑

**Pour vous aider**

*s'habiller*   to get some clothes (usual meaning: 'to get dressed')

*faire une retouche*   to make an alteration (specifically, to a garment)

9 Regardez la fin de la séquence, de 53:00 à 53:51. Choisissez l'adjectif qui représente le mieux les rapports des bénévoles avec les bénéficiaires.

(a) officiels ☐

(b) sérieux ☐

(c) condescendants ☐

(d) impolis ☐

(e) polis ☐

(f) amicaux ☐

(g) chaleureux ☐

**Pour vous aider**

*un tempérament bien particulier*   a very special type of personality

*l'esprit Coluche*   the approach that Coluche would have favoured (i.e. robustly practical and friendly)

*l'esprit de fête*   a sense of fun

*s'apitoyer sur leur sort*   to feel pity for their predicament (a slightly pejorative term, implying a patronizing attitude)

## Expressing embarrassment and shame

The interviewer was perhaps a bit inquisitive about Marie-Thérèse's misfortunes, but she took it in good part and said that she had abandoned all shame.

– *Ça ne vous gêne pas de venir dans un Resto du Cœur?*

– *Quand on en a besoin, on est obligé, hein... l'orgueil on regarde plus.*

– Does it bother you, coming into a Resto du Cœur?

– When you're in need, you just have to, don't you..., pride isn't in it any more (or, a looser translation, 'beggars can't be choosers').

As you can see, her response is not translated literally, because it was so colloquial. What could she have answered, in standard French? Maybe:

*Non, ça ne me gêne plus du tout maintenant.*

No, I'm not embarrassed about it any more.

or

*Non, je ne trouve pas ça gênant.*

No, it doesn't bother me any more.

To express the same meaning, another possibility is to use the passive form of the verb *gêner* (see *Forming the passive,* topic 1.1):

Non, je ne suis plus gênée maintenant.

Or, using the phrase you met in ATD Quart-Monde: *des gens qui ont honte,* she could have said:

*Non, je n'ai plus honte.*
No, I'm not ashamed any more.

The phrases above can express profound unease, or a more conventional kind of embarrassment. Here are some everyday scenarios, where you might use *j'ai honte* (don't pronounce the 'h', and don't make the liaison, even in the plural *ils ont honte*), and *ça me gêne.*

*(You are very late for a dinner invitation.)*

– Entre, entre, nous t'avons attendu pour commencer.

– **Vraiment, j'ai honte!**

– Mais non, viens, je te sers un apéritif!

*(You have locked yourself out of the house. A neighbour offers you the use of his, while you wait for the locksmith to turn up.)*

– Tenez, venez attendre le serrurier chez moi, si ça vous rend service.

– **Oh merci, mais ça me gêne beaucoup.**
  (*also,* **je suis très gêné(e)**)

– Mais non, c'est avec plaisir...

Used in the negative, the phrase *ça ne me gêne pas* means 'it doesn't bother me' and, like *ça me gêne,* can show a range of attitudes, from cocky self-confidence:

*Quand je collecte de l'argent pour les sans-abris, j'aborde directement les gens dans la rue, ça ne me gêne pas.*
When I'm collecting money for the homeless, I'm not embarrassed to go straight up to people in the street.

to more routine acceptance, like:

– *Ça vous ennuie si j'ouvre la fenêtre?*

– *Allez-y, ça ne me gêne pas.*

– Do you mind if I open the window?

– Go ahead, it doesn't bother me.

In the next *activité*, you are going to describe the embarrassment of Michel, *le nouveau pauvre*, and the women at the hospital in *ATD Quart-Monde*, re-using these phrases and some others that you have studied previously, before answering a question on your own experiences of feeling embarrassed.

**Activité 33**
5  MINUTES

1  Maintenant, vous pouvez dire ce que Michel ressentait lorsqu'il attendait devant le Resto, en regardant la foule des pauvres. Écrivez la réponse de Michel à cette question:

  – Michel, pourquoi n'acceptez-vous pas de manger au Restaurant du Cœur?

  – Parce que _____ .

2  Et vous, qu'en pensez-vous? Donnez par écrit ou oralement une brève réponse à la question suivante. Faites une phrase ou deux. Commencez peut-être avec une des idées suggérées dans l'encadré ci-dessous.

  Quand vous voyez des sans-abri l'hiver dans la rue, qu'est-ce que ça vous fait?

  > honte; gêné; c'est dur; il y en a tellement que; je n'y pense pas; ça sert à quoi?; s'apitoyer sur leur sort; malheureux

The final video-based *activité* in this topic is an opportunity for you to add to your essay writing resources for Section 6. Now that you have seen the video sequence *Le relais de Nantes,* you are going to choose between summaries of what happens in the sequence.

If you did *Activité 32,* you should not really need to replay the video, but if you want to watch it again, we have given you the counter numbers to help you locate the summaries.

**Activité 34**
10  MINUTES
*VIDEO*

Choisissez les trois résumés qui illustrent les initiatives du relais de Nantes en faveur des gens qui sont en difficulté. Il y a un résumé correct par séquence et les chiffres vous aident à trouver les réponses à partir de la vidéo.

**Séquence 1    47:29–50:52**

1    Ici, les gens réparent des objets pour gagner l'argent qui leur permet d'acheter à manger.

2    Ici, les gens reçoivent de la nourriture sans payer.

**Séquence 2    50:52–52:23**

3    L'orgueil est un obstacle à l'insertion car les nouveaux pauvres refusent de venir aux Restos.

4    L'orgueil ne compte plus lorsqu'on est une maman sans travail avec des enfants à nourrir.

**Séquence 3    52:23–53:51**

5    Les Restos donnent uniquement des produits et rendent des services.

6    Les Restos donnent de l'aide matérielle et aident aussi les gens à se rencontrer et à compenser leur isolement social.

## Expressing relief

Let us now look at the expressions used by Jackie and Chloé.

> – *Heureusement qu'il y a le Restaurant du Cœur.*

> – *Oui, heureusement, sans ça on mange... on mangerait pas.*

> – Thank God for the Restaurant du Cœur.

> – Indeed, otherwise we wouldn't have anything to eat.

*Heureusement que* expresses relief (*le soulagement*), in all sorts of situations in relaxed spoken French. You can use it at the end of an exhausting week:

> *Heureusement que demain c'est vendredi!*

or when you and your friend turn up to your local cinema, only to find a long queue of people waiting outside:

> *Heureusement qu'on a réservé!*

or when you find that you only have a meat dish to offer some impromptu guests:

> *Heureusement que vous n'êtes pas végétariens!*

Finally, if you want to sound extremely relieved, the word for 'phew!' is *ouf!*, sometimes accompanied by two or three quick flicks of the hand!

The next *activité* gives you practice in talking about embarrassment and relief. You should try to re-use vocabulary learned so far.

*Activité 35*
20 MINUTES
AUDIO 8

Vous avez appris que le Relais du Cœur de votre région cherche des bénévoles. Vous avez proposé vos services et vous venez voir Frédéric, le responsable, pour en discuter. Répondez aux questions de l'Extrait 8 de la manière indiquée.

## 3.2  Un relais vers l'insertion

We are now going to complete our overview of the *Restaurants du Cœur* with a couple of extracts from a leaflet produced to publicize the various activities of the organization set up by Coluche.

The *Relais du Cœur* do not merely distribute food (the video gave you an inkling of this). They want the needy to be integrated into society, to be no longer marginalized, in other words to become fully a part of society. The key idea is *l'aide à l'insertion*. (*L'insertion* is short for *l'insertion sociale*, or *l'insertion dans la société*, i.e. being integrated into society.)

The aim of the work included here will be to collect information from different sources (general written information on the organization, and the video sequence *Le relais de Nantes*) in order to compare them in writing. The phrase *celui qui*, first seen in Book 2 of *Valeurs*, will be revised and practised with a new meaning. Also, you will be revising using the passive, starting with *Activité 36*. You might need to look again at topic 1 before you start.

For this *activité*, we would like you to refrain from using your dictionary, and to try deriving the meanings from the context instead.

*Activité 36*
15 MINUTES

1    Lisez le texte que voici, en pensant à ce que vous avez vu en regardant la vidéo *Le relais de Nantes*. N'écrivez rien pour le moment.

> Les Restaurants du Cœur ont le souci d'aider les plus démunis. Toute personne qui vient demander de l'aide pour l'hiver est accueillie par un bénévole du centre. Parallèlement, une fiche d'inscription est établie, permettant de connaître le revenu mensuel disponible du foyer. Une carte de repas est alors attribuée pour l'hiver.
>
> Voici quelques chiffres dégagés de l'analyse des fiches d'inscription:
> * 33% des demandeurs vivent seuls
> * 21% sont des familles monoparentales
> * 18% ont plus de trois enfants
> * 30% sont bénéficiaires du RMI
> * 70% des demandeurs sont français et 30% étrangers

Les Relais du Cœur se mettent en place progressivement depuis mars 1989: centres d'accueil ouverts toute l'année pour écouter, informer, aider tous ceux qui sont dans le besoin. Toujours avec 'l'esprit Restos', les bénévoles s'emploient à soutenir les bénéficiaires dans leurs problèmes administratifs, juridiques ou de santé et, si possible, dans la recherche d'une activité ou d'un emploi en liaison avec le RMI.

Pourquoi les Relais? Au sein des centres de distribution, c'est un véritable climat de confiance qui s'est instauré et qui incite les gens à s'exprimer, à exposer leurs difficultés. Et comme la distribution de nourriture ne peut être qu'une solution temporaire, les bénévoles ont voulu aller plus loin, faire plus, parce que l'insertion apporte de véritables réponses! C'est ainsi que sont apparus les Relais du Cœur.

### Pour vous aider

*ont le souci de*   aim to

*démunis*   poor

*disponible*   available

*RMI (Revenu Minimum d'Insertion)*   basic allowance (given out to those with no income)

*être dans le besoin*   to be in financial need

*s'emploient à*   strive to

*au sein de*   within

*véritable*   true (i.e. real)

*s'est instauré*   became established

*et comme*   and as

*c'est ainsi que*   this is how (*ainsi* means 'in this way')

2   Complétez ces descriptions avec trois des pourcentages du texte en remplissant les trous.

   (a) _____% des gens ont des revenus minimum.

   (b) La proportion de mères ou pères célibataires est de _____%.

   (c) Les familles nombreuses constituent _____% des bénéficiaires.

3   Quels sont les verbes au passif qui se trouvent dans le premier paragraphe du texte? Notez-les.

4   Traduisez en anglais les phrases suivantes, en faisant attention à la traduction du verbe. (Laissez en français ce qui est en italiques.)

   (a) Les *Relais du Cœur* se mettent en place progressivement depuis mars 1989.

   (b) C'est un climat de confiance qui s'est instauré.

### Using 'celui qui'

In the leaflet, we came across the phrase:

> *aider tous **ceux qui** sont dans le besoin*
> to help all those (people who are) in need

You may remember the demonstrative pronoun *celui qui, ceux qui* from your study of Book 2 of *Valeurs*. There, they were used to give a definition:

> *Le boulanger, c'est **celui qui** fait du pain.*

In that context, the translation is something like 'the man who' or 'he who'.

But you can also use a demonstrative pronoun to demonstrate which particular thing or person you are talking about: in this case, the translation is 'the one which' for a thing and 'the one who' for a person. Here are some examples:

> *Donnez-moi un morceau de Brie s'il vous plaît, **celui qui** est bien fait, là, à côté du Gruyère.*
> Give me some Brie please, **the one which** is ripe, there, next to the Gruyère.

Or, in a situation where you cannot see the object or person mentioned:

> *J'ai reçu une lettre d'un ancien copain, tu sais, **celui qui** jouait de la guitare électrique.*
> I've had a letter from an old friend, you know, **the one who** used to play the electric guitar.

In the singular, *celui* can be used to make a statement about somebody indeterminate: 'any person who'. In the text we have:

> ***Toute personne qui** vient demander de l'aide pour l'hiver est accueillie par un bénévole.*
> Anyone turning up in winter to ask for help is looked after by a volunteer.

but one could equally say:

> ***Celui qui** vient demander de l'aide pour l'hiver est accueilli par un bénévole.*

In the plural, *ceux* and *celles* are often preceded by *tous*, in which case you must remember to change *tous* according to the gender of the noun being alluded to:

> ***Tous ceux qui** sont d'accord, levez la main (ceux = tous les gens).*
> All in favour, put your hands up.

> *J'ai fait le tour de **toutes celles que** je connais (celles = toutes les agences).*
> I've been round all the ones (which) I know.

You should by now be more confident about the choice of *qui* or *que*, or *ce qui* and *ce que* which you studied in topic 1.2 of this book. Choosing between *celui qui* and *celui que* similarly involves you in deciding whether the phrase replaces the subject or the object of the verb. Here are two examples just to remind you.

> *Il faut aider tous **ceux qui** sont dans le besoin.* (In relation to *sont dans le besoin*, **ceux** replaces the subject.)
> We must help all those who are in need.

> *Les bénévoles sont nombreuses. Toutes **celles que** je connais sont des mères de famille qui ont du temps à donner.* (In relation to *je connais*, **celles** replaces the object.)
> There are many volunteers. All those whom I know are mothers with spare time.

If you still need help with these, try going back to topic 1.2, or to your Grammar Book, pages 85–6 and 89–90.

In the next *activité*, as you compare the facilities offered to the needy as described in the leaflet, with those shown on the video, you will be asked to use the demonstrative pronoun in speech. If you are not sure how to pronounce the second syllable of *celui* correctly, you may need to go back briefly to *Activité 31*.

## Activité 37
**25 MINUTES**
**AUDIO 9**

Votre ami Max a regardé avec vous la vidéo du relais de Nantes. La brochure qu'il a dans les mains diffère un peu de ce qu'il a vu. Vous répondez à ses questions, suivant les suggestions en anglais. Appliquez-vous à bien prononcer le mot 'celui' [səlɥi].

In the next *activité*, you are going to complete your comparison of the relais de Nantes and the leaflet by writing a few words about them both.

## Activité 38
**15 MINUTES**

L'association Aides fait rédiger une brochure pour informer le public des différences entre les services proposés par Emmaüs, ATD Quart-Monde et Les Restos du Cœur. Traduisez en français les expressions données en anglais dans l'encadré de la page 52 pour remplir les trous du texte.

### *Trois façons différentes d'aider ceux qui sont en difficulté*

Emmaüs, c'est un magasin qui n'est pas ordinaire. Ici, on répare et on vend des objets donnés par le public. _____
_____ .

Qui fait quoi, à Emmaüs? Eh bien, le public donne des objets dont il ne se sert plus. _____
_____
_____ .

Le magasin est rempli de fauteuils, de bidets, de lampes, de poupées, de verres, de vaisselle, de linge de table, de vêtements, de bibelots, de jouets, d'appareils ménagers. Avec l'argent des ventes, Emmaüs peut aider les membres de la communauté à retrouver une vie normale.

Les Restos du Cœur, eux, sont là pour satisfaire des besoins immédiats. La jeune veuve qui n'a pas de quoi nourrir ses enfants, _____
_____
_____ ,

tous peuvent venir aux Restos, où on leur donnera des paniers repas, où on les habillera gratuitement s'ils le souhaitent et où ils profiteront de la pause-café pour rencontrer d'autres gens et discuter.

Le logement, le boire, le manger, voilà les conditions de base de la survie, _____
_____ . Mais les gens de la rue ont aussi besoin de dignité. Certains _____ . Une organisation comme ATD Quart-Monde ne fait pas le même travail qu'Emmaüs ni que les Restos du Cœur, mais elle en est complémentaire. _____
_____ . Ce que les gens trouvent, c'est de l'aide pour faire une démarche difficile, pour remplir des papiers administratifs, pour demander des bénéfices qui leur sont dus. C'est ici qu'ils peuvent venir s'ils ont honte ou s'ils n'ont pas assez confiance en eux-mêmes. ATD Quart-Monde _____
_____ .

Ils seront entourés, soutenus, compris.

Pour avoir tous les renseignements sur ces trois associations, écrivez à: Aides, 34, boulevard de la Gare, 23487 Essoissac.

- There are so many of them that one doesn't know where to put them
- And it's also the public who buys the things that have been sorted, washed, put away, restored, recycled.
- the mother who has no income any more,
- the retired man who has no friends,
- it's a good thing that these associations look after them.
- have thought about it.
- Here, (there is) no shop, no refectory, no workshop.
- will accompany them to hospital, or to the mairie.

## Faites le bilan

When you have finished this section of the book, you should be able to:

- Use the demonstrative pronoun *celui qui, ceux qui* (*Activité 37*).
- Express shame or embarrassment (*Activité 33*).
- Use *ça ne me gêne pas* to express acceptance (*Activité 35*).
- Express relief (*Activité 35*).

## Vocabulaire à retenir

### 3.1 Le relais de Nantes

cela prouve que

elle a perdu son mari/il a perdu sa mère

je vous assure que c'est la vérité

la CEE

l'insertion sociale

une denrée

une équipe

un bénévole, une bénévole

à la retraite

avoir du temps à donner

être sensible à quelque chose

rendre (un) service à quelqu'un

l'orgueil

discuter

se faire couper les cheveux

faire une retouche à un vêtement

s'apitoyer sur le sort de quelqu'un

### 3.2 Un relais vers l'insertion

une famille monoparentale

mettre en place

inciter quelqu'un à faire quelque chose

# 4 Les banlieues

## STUDY CHART

| | Topic | Activity/timing | Audio/video | Key points |
|---|---|---|---|---|
| **1 hr 45 mins** | 4.1 Bellevue, la cité de Yasmin | 39 (15 mins) | Video | Introduction to the Bellevue housing estate |
| | | 40 (10 mins) | | Summarizing and making notes |
| | | 41 (25 mins) | | Expressing your response to a mural |
| | | 42 (15 mins) | | Expressing obligation in the past and expressing relief |
| **1 hr 30 mins** | 4.2 Il ne suffit pas de refaire les façades | 43 (25 mins) | Audio | Understanding an issue in housing: refurbishment of an estate |
| | | 44 (10 mins) | Audio | |
| | | 45 (5 mins) | Audio | Recognizing emphatic intonation |
| | | 46 (25 mins) | Audio | Contradicting politely |
| | | 47 (10 mins) | | Summarizing from recording and making notes |
| **1 hr 15 mins** | 4.3 Recel, attention danger! | 48 (15 mins) | Audio | Understanding a cartoon |
| | | 49 (10 mins) | Audio | Using some greetings and informal phrases orally |
| | | 50 (25 mins) | | Contradicting and conceding |
| **2 hrs** | 4.4 La dérive du quartier du Luth | 51 (10 mins) | | Vocabulary: unrest and drug prevention |
| | | 52 (30 mins) | | |
| | | 53 (15 mins) | | |
| | | 54 (15 mins) | | Using adjectives for describing places and people |
| | | 55 (15 mins) | | Summarizing and making notes |

53

*I*n the United Kingdom, there are problems associated with inner-city areas. In France, similar problems can be found on the outskirts of cities (*les banlieues*), and this is what this section is about. In the video sequence entitled *Bellevue, la cité de Yasmin,* the Bellevue housing estate is introduced by Yasmin, a resident and dance teacher. In the audio extract *Il ne suffit pas de refaire les façades,* we hear different opinions from a priest and an official on Bellevue. With the cartoon *Recel, attention danger!,* we look at one idea used by the Nantes authorities to try and reach potentially delinquent teenagers. Finally, we study *La dérive du quartier du Luth,* in an article on Genevilliers, a deprived estate outside Paris.

## 4.1 Bellevue, la cité de Yasmin

This video sequence concentrates on Bellevue, a housing estate (*une cité*) on the outskirts of Nantes. Yasmin teaches dance in his local area (*il enseigne la danse dans son quartier*). Interviewed outside his tower block (*il habite la tour*) he takes us on a guided tour of the estate. The video will show you some of the poor conditions there, as well as a rather striking visual expression of the local residents' feelings about the *cité.*

Because you might find Yasmin difficult to understand, we'll ask you to have the transcript to hand, and to watch the whole video to begin with. Alternatively you could stop half way, at 57:08, and do *Activités 39* and *40,* before viewing the second half of the video.

*Activité 39*

**1 5   M I N U T E S**

**V I D E O**

1   Lisez la transcription jusqu'à 'je crois que c'est une prévention, je crois, de la délinquance', puis visionnez la séquence vidéo 'Bellevue, la cité de Yasmin' de 54:03 à 57:08.

**Pour vous aider**

*donner une couche de peinture*   to give a lick of paint

*en tant qu'habitant*   as a resident

*les mêmes sinon pires*   the same if not worse

*leur propre langage*   their own language

*le gars*   the bloke

*en fin de compte*   in the end

2   Choisissez les deux phrases qui décrivent ce que vous avez vu et entendu en visionnant la vidéo. Corrigez les phrases qui donnent une information incorrecte.

(a) Il y a des bouteilles cassées par terre.

(b) Les vitres de certains bâtiments ont besoin d'être remplacées.

(c) On voit une jeune femme blonde à sa fenêtre.

(d) On voit des sans-logis qui dorment sur les trottoirs.

(e) Les habitants de Bellevue s'entassent dans des tours.

(f) C'est un quartier où il n'y a pas d'enfants.

The next *activité* in this topic continues your preparation for the essay writing in Section 6. Now that you understand the video, you are going to choose between summaries of what happens in the sequence, and then copy out the chosen summary. You should not really need to watch again, but if you do, we have given you the sequence numbers.

## *Activité 40*
**1 0   M I N U T E S**

Choisissez les deux résumés qui illustrent les opinions de Yasmin sur Bellevue, ses habitants et sa municipalité. Il y a un résumé correct par séquence et les chiffres vous aident à trouver les réponses à partir de la vidéo.

### *Séquence 1      54:03–56:49*

1   Les bâtiments avaient besoin d'être réhabilités et c'est ce qu'a fait la ville de Nantes.

2   Les initiatives prises par la ville de Nantes n'ont pas réglé les problèmes.

### *Séquence 2      56:49–57:08*

3   Les jeunes de Bellevue ne savent s'exprimer que par la violence.

4   Après les révoltes des banlieues, des associations se sont créées pour s'occuper des jeunes.

If you haven't done so already, watch the second part of the video (57:08–58:44. You can do *Activité 41* by freezing the frame on your video at 58:42, or by studying the drawing below if the freeze-frame on your set is unstable. The *activité* will give you an opportunity to interpret in your own way a vivid mural created by the young people of Bellevue. First, you might like to check that you remember the vocabulary from topic 2.3, which you will need to describe a part of the drawing.

## Activité 41
### 25 MINUTES

Regardez le dessin des jeunes de Bellevue. Décrivez-le à quelqu'un qui ne l'a pas vu.

1 Décrivez la scène dans son ensemble. Yasmin vous a déjà donné la plupart des expressions requises. Cherchez les autres dans le dictionnaire si besoin est.

   (a) La scène a lieu dans _____ .

   (b) Le mur qui porte le dessin est en forme de _____ .

   (c) En haut du dessin, on voit _____ .

   (d) En bas du dessin, il y a _____ .

   (e) En bas à gauche et à droite se trouvent _____ .

2 Et maintenant, regardez le personnage. Décrivez son habillement et sa posture.

   (a) Sur la tête, il porte _____ .

   (b) Ses yeux sont cachés derrière des _____ .

   (c) Il se tient _____ sur _____ .

   (d) Il est porte un _____ .

3 Le personnage exprime certaines émotions. Décrivez l'expression de son visage, en adaptant deux expressions du poème 'La Grasse Matinée'.

4 Le décor qui entoure le personnage exprime aussi des émotions, par les formes et les couleurs. À vous d'utiliser votre imagination. Écrivez quelques mots sur les éléments du décor, en essayant de dire quelles impressions ils vous suggèrent.

   (a) Le ciel est _____ . Il fait penser à

   _____ .

   (b) Les bâtiments sont _____

   _____ . Ils suggèrent _____

   _____ .

   (c) Les couleurs sont _____ .
   Elles évoquent _____ .

   (d) La radio est _____ . Cela veut dire que _____

   _____ .

**Mur peint par les jeunes de Bellevue**

*en passant* ▸ ▸ ▸ ▸

The type of language used in this video is not formal spoken French, as you would find at a conference or a job interview for instance. But it is not very informal either. The fact is that there isn't (surprisingly perhaps) a single word of slang. The language used by Yasmin is informal spoken French, the variety which most people in France speak most of the time. Here are some of its peculiarities.

- *il y a* is invariably contracted down to *y a*:

    y a longtemps

    y a un peu de tout

    y a Turcs, y a Marocains

    y a un moment

    y a eu beaucoup d'associations

    c'est vrai qu'y a eu beaucoup d'incidents

- repetition is used for emphasis, particularly with *très*:

    les gens qui habitent ici sont très très, sont très très pauvres

- *ça* is used instead of *cela*:

    on trouve ça un peu déplorable

    ça évoque beaucoup de choses

- *ne* is often dropped:

    c'est qu'une façade

- filler words are used a iot, such as *ben, bon, quoi, euh*

- many sentences have a 'wandering' structure:

    et c'est pour ça, que bon, les bâtiments que vous voyez maintenant, les beaux bâtiments ceux que, ceux qui ont été réhabilités, ben, c'est qu'une façade, c'est donner un coup de couche de peinture... Mais les bâtiments sont les mêmes...

The following shows you how we can communicate the same ideas in formal spoken (and written) French:

    Les bâtiments que vous voyez maintenant, et qui sont très beaux, sont des bâtiments qui ont été réhabilités. Mais il ne s'agit que de la façade, qu'on a repeinte, sans changer les bâtiments eux-mêmes.

## Expressing obligation in the past

In Book 1 of *Valeurs*, you learned about obligation in the past, using the perfect: *j'ai dû, il a fallu*. Here, Yasmin is dealing with a situation that lasted in the past, so he uses the imperfect.

> *Je pense que les bâtiments... étaient très très vieux et qu'il **fallait** les réhabiliter.*
> I think the buildings were very old and they **had to be** 'rehabilitated'.

As you may remember, *il fallait* is the equivalent of the English 'it was necessary to' (or, as in our translation above, 'they had to be'). If you already know how to talk about obligation in the present, using *il faut, on doit, on est tenu de, on est obligé de*, then expressing past constraints is easy. All you have to do is put the verbs in the imperfect, if the context is a lasting situation.

- — *On doit ranger les chambres tous les jours.*
- — We have to tidy up the bedrooms every day.

- — *On devait ranger les chambres tous les jours.*
- — We had to tidy up the bedrooms every day.

- — *Il faut trier les papiers régulièrement.*
- — It's necessary to sort the papers regularly.

- — *Il fallait trier les papiers régulièrement.*
- — It was necessary to sort the papers regularly.

— *On est obligé de respecter les horaires.*
— We have to stick to times.

— *On était obligé de respecter les horaires.*
— We had to stick to times.

If there was a sudden obligation to do something, the perfect is used.

*Aujourd'hui, il y a une grève des bus, alors on doit aller à l'hôpital à pied.*
Today there's a bus strike, so we have to go to the hospital on foot.

*Ce jour-là, il y avait une grève des bus, alors on a dû aller à l'hôpital à pied.*
That day there was a bus strike, so we had to go to the hospital on foot.

The two other phrases also change to the perfect, as follows.

On est obligé de/on a été obligé de

Il faut/il a fallu

Don't forget that the verb following is in the infinitive.

Il faut **repeindre** les murs.

On est obligé de **ranger** les chambres.

Il a fallu **trier** les papiers.

In the final *activité* in this topic you can revise two of the points you have studied in the book so far: expressing relief, and expressing obligation in the past.

## Activité 42
**15 MINUTES**

1 Dans la colonne A, vous trouverez quelques descriptions de circonstances pénibles; dans la colonne B, des commentaires exprimant le soulagement. Associez les circonstances de la colonne A et les commentaires de la colonne B.

| A: circonstances | B: commentaires |
|---|---|
| (a) Autrefois, ces familles devaient faire des démarches compliquées. | (i) Heureusement qu'elle a changé d'attitude. |
| (b) Quand ma fille était adolescente, il fallait toujours la forcer à travailler. | (ii) Heureusement qu'aujourd'hui ATD est là pour les aider. |
| (c) Avant, les gens du quartier étaient obligés de mettre du carton aux vitres cassées. | (iii) Heureusement que maintenant il y a l'autobus. |
| (d) Il y a dix ans, il fallait faire cinq kilomètres à pied pour aller à l'hôpital. | (iv) Heureusement que la municipalité les a réparées. |

2   Changez les phrases de la colonne A ci-dessus en exprimant
l'obligation dans le passé. Nous vous donnons une indication pour
vous aider à composer chaque phrase.

(a) être obligé(e) de

(b) on + devoir

(c) devoir

(d) on + devoir

3   Et maintenant, à vous de rédiger deux phrases sur le modèle donné
dans le tableau ci-dessus. Dans la première, décrivez une obligation
que vous aviez personnellement dans le passé, mais qui n'existe plus.
Commencez la deuxième phrase par 'Heureusement que…'.

## 4.2 Il ne suffit pas de refaire les façades

In the video sequence on Bellevue, Yasmin made the point that the
spruced up facades hide serious social problems. This is the issue
discussed by the two people that you will hear in the audio extracts
featured in this topic.

Each of them plays an important part in the life of the community. René
Pennetier is a Catholic priest whose modern church appeared on the
Bellevue video (to the right of the small building with the mural). He is
deeply involved in the life of the estate. Mme Seyse is the deputy mayor
of Nantes (*adjointe au maire de Nantes*), with a special responsibility for
Bellevue. You will see that they hold quite different views as to the
success of the *réhabilitations*.

The *activités* included in this topic will help you to appreciate the extent
of these differences and you will learn how to contradict politely someone
who holds a very different opinion.

The first recording, of the priest René Pennetier, is a reflection, expressed
in fairly measured terms, of his position as defender of the
underprivileged, and at the same time of his status as a member of the
authorities (the moral authorities, in his case) on the estate. *Activité 43*
helps you understand what he says.

*Activité 43*

**25 MINUTES**

**AUDIO 10**

1   Écoutez la première partie de l'interview de René Pennetier dans le
but de remplir les trous de la transcription ci-dessous (arrêtez la bande
au dernier mot du texte: 'emploi').

Eh bien, c'est vrai que ce qu'on voit d'emblée, c'est l'extérieur: on

_____ les façades, on _____ , on… on isole aussi, ce qui

fait que, extérieurement, les immeubles ont une autre figure. Il y a un peu plus de _____ , c'est un peu plus _____ . Mais je crois que c'est plus _____ de refaire les façades que de refaire l'intérieur et surtout de refaire les _____ , les _____ .

Et là aussi, il y a un gros travail à faire pour permettre une insertion réelle des gens et notamment autour de l'emploi.

**Pour vous aider**

*d'emblée*   straightaway

*ils ont une autre figure*   they look different

*pour permettre une insertion réelle*   to allow for real integration

*notamment autour de l'emploi*   particularly where getting people
    jobs is concerned

2   Écoutez la deuxième question posée à René Pennetier et sa réponse. Puis choisissez la bonne réponse pour (a), (b) et (c).

(a) René Pennetier pense

que la municipalité est incapable de prendre des mesures.   ❏

que les pouvoirs publics ont beaucoup travaillé.   ❏

(b) Il dit que le Développement Social des Quartiers est là pour

permettre aux gens de quitter le quartier.   ❏

permettre aux gens d'organiser un mouvement associatif.   ❏

(c) Selon lui, c'est un travail

facile à régler en quelques années.   ❏

de longue haleine.   ❏

## en passant ▸ ▸ ▸ ▸

La France est gouvernée au niveau local par trois assemblées: le Conseil régional, le Conseil général et le Conseil municipal.

Le Conseil régional existe depuis la création des nouvelles régions (comme Champagne-Ardenne, Pays de la Loire, Midi-Pyrénées, etc.) en 1972. Il s'occupe de tout ce qui concerne la région (c'est-à-dire de plusieurs départements) et qui n'est pas pris en charge par l'autorité centrale. Par exemple, les nominations d'enseignants des collèges, des lycées et des facultés d'une région font partie des responsabilités de l'état, mais la formation continue des adultes (adult education) est organisée par la région.

Le Conseil général (comparable au County Council en Angleterre) comprend un nombre de membres en rapport avec l'importance du département.

Il y a un Conseil municipal partout où il y a une mairie: depuis les plus grandes villes jusqu'au plus petit village, toutes les communautés ont une municipalité qui s'occupe des affaires locales.

Les membres de tous ces conseils sont élus pour six ans.

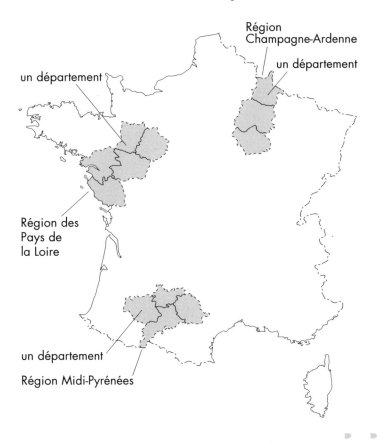

Région Champagne-Ardenne
un département

un département

Région des Pays de la Loire

un département
Région Midi-Pyrénées

When listening to the second interview in this topic, where we hear from Mme Seyse, you will find that she is in favour of the *réhabilitation* programme. This is as you might expect, since she is not only an *adjointe au maire* but also a councillor (*conseillère municipale*). A seasoned public speaker, she puts her argument vigorously. You can now hear how she does it. You will be listening for the emphasis in her voice, noticeable in the way she isolates certain words for effect, and in the way her voice goes up and down (her intonation). After doing *Activité 44*, and looking at the *corrigé*, try to find a moment to listen to her again and you will find you hear the emphasis much more clearly than you did first time round.

## Activité 44
**10 MINUTES**

Écoutez Mme Seyse et soulignez dans le texte reproduit ci-dessous les mots ou groupes de mots sur lesquels Mme Seyse insiste particulièrement.

| | |
|---|---|
| L'intervieweuse | Je crois que la municipalité a aussi dépensé de l'argent pour refaire les façades des immeubles. Il y a des gens qui critiquent cette mesure. Qu'est-ce que vous en pensez? |
| Mme Seyse | Alors, je crois que dans ce que vous avez dit, il y a une chose qui est totalement inexacte, c'est que nous n'avons pas mis beaucoup d'argent pour refaire les façades. Nous avons mis beaucoup d'argent pour refaire le cadre de vie des habitants. Et le cadre de vie, ce n'est pas seulement l'extérieur, c'est aussi l'intérieur des habitants\*. Alors, il est vrai que si vous prenez les premières réhabilitations qui ont été faites, il n'y avait que l'extérieur. Mais nous venons de terminer une série de réhabilitations, la première des séries totalement du fait de notre équipe municipale. Eh bien, rien n'a été fait sans consultation avec les habitants; c'est-à-dire qu'ils ont défini avec nous le programme de réhabilitations, les fenêtres, les portes; ils ont défini avec nous ce qui était le plus important pour eux. Est-ce que c'était les boîtes aux lettres, les cages d'escalier? Est-ce que c'était refaire les sanitaires, cst-ce que c'était refaire l'électricité? Ce sont toutes ces choses qui ne sont pas de l'extérieur, mais qui sont du vécu, et au contraire de l'intérieur des immeubles, qui ont été réhabilitées. |

\* habitants: erreur de Mme Seyse. Elle veut probablement dire 'habitations'

**Pour vous aider**
*est totalement du fait de*   is entirely the initiative of
*une cage d'escalier*   a stairwell
*qui sont du vécu*   which belong to people's everyday experience

## Contradicting politely

Mme Seyse is not pleased with our interviewer's opening remark, she counters politely but firmly: *dans ce que vous avez dit, il y a une chose qui est totalement inexacte*. Here is another situation in which you could use the same adjective to express simple disagreement.

> *C'est inexact: vous avez compté trois bières mais il n'y en avait que deux!*
> It's inaccurate: you charged for three beers but there were only two!

Note that in the masculine form, the 'c' and the 't' at the end of *inexact* are not pronounced: [inɛgza].

You already know how to disagree using *je ne suis pas (du tout) d'accord.* Add *avec ce que vous avez dit,* and you have now strongly contradicted the other person. More moderate phrases, which can be used whenever you wish to cast doubt on what has been said are:

> *c'est discutable* or *ça se discute*
> it's a matter of opinion
>
> *oui et non*
> yes and no
>
> *ça dépend* or *c'est selon*
> it depends

You will find other phrases for contradicting politely in those pages of your dictionary which specialize in 'language in use'. Also, in the next section, watch out for the way Syad, in *E'Bride Gang,* contradicts the opinion that rap music equates with violence.

Finally, you will notice if you look at the transcripts, that both priest and official concede points in their explanations: René Pennetier does it using *c'est vrai que,* and Mme Seyse uses *il est vrai que.* The difference between the two phrases is that *il* sounds slightly more formal than *ce.* Knowing how to concede a point is part of the art of contradicting.

Mme Seyse uses intonation to make her arguments more persuasive. Check whether you can hear the rise and fall of her voice when you do the following exercise.

## *Activité 45*
**5 MINUTES**
**AUDIO 12**

Écoutez la première phrase de Mme Seyse et choisissez la ligne qui représente le mieux son intonation.

1 Alors, je crois que dans ce que vous avez dit, il y a une chose qui est totalement inexacte, c'est que nous n'avons pas mis beaucoup d'argent pour refaire les façades.

2 Alors, je crois que dans ce que vous avez dit, il y a une chose qui est totalement inexacte, c'est que nous n'avons pas mis beaucoup d'argent pour refaire les façades.

Here is an opportunity to practise contradicting someone politely, at the same time revising some of the expressions of quantity with *en*, the expressions of place with *y* and the use of the passive, which you have learned so far. If you want a challenge in the next *activité*, ignore step 1 and do step 2 straightaway.

## *Activité 46*
### 2 5   M I N U T E S
**AUDIO 13**

Vous êtes maire à Blangis, où se trouve un quartier pauvre, La Halle. Pendant une réunion difficile, où vous avez exposé avec satisfaction les initiatives de votre municipalité, vous êtes obligé(e) de répondre aux critiques d'un habitant de La Halle.

1   Préparez des notes pour vous aider à tenir votre rôle (indiqué ci-dessous en anglais). Ensuite, laissez vos notes de côté.

| | |
|---|---|
| Le résident | Vous parlez bien de ce que les pouvoirs publics ont fait. Mais ce qui nous préoccupe, nous, les résidents de La Halle, c'est ce qui n'a pas été fait. Les bâtiments, par exemple, qui sont toujours dans un état déplorable! |
| Vous | (I don't agree with what you say. The buildings have been rehabilitated.) |
| Le résident | Les murs, peut-être, mais en tout cas toutes les vitres ont besoin d'être réparées. |
| Vous | (It's completely inaccurate. The *mairie* has replaced many of them.) |
| Le résident | Et les transports? Les habitants n'ont aucun moyen de transport! |
| Vous | (It's a matter of opinion. There is a station in Blangis and people can go there on foot.) |
| Le résident | À pied! Deux kilomètres! Voilà comment la municipalité traite ses administrés: aucun respect pour leurs besoins, pas d'écoles, pas de crèches, pas de boulangerie… |
| Vous | (There is one thing which is totally inaccurate in what you say: the bakery van comes round every morning.) |
| Le résident | Vous cherchez à cacher les vrais problèmes et nous, les habitants du quartier, on trouve ça totalement déplorable! |

2   Écoutez l'extrait et prenez part à la conversation.

Before you leave this topic, here is an *activité* where you have to choose between summaries, in preparation for your writing in Section 6.

1 Choisissez le résumé qui illustre le mieux ce que dit René Pennetier, prêtre à Bellevue.

(a) Les pouvoirs publics ont déjà fait un gros travail pour faciliter l'insertion en donnant des emplois aux gens.

(b) C'est la communauté elle-même qui a pris l'initiative de refaire les façades de ses immeubles.

(c) Les pouvoirs publics ont fait beaucoup de travail mais c'est à long terme que les obstacles à l'insertion tomberont.

2 Choisissez le résumé qui illustre le mieux ce que dit Mme Seyse, adjointe au maire de Nantes.

(a) Les pouvoirs publics facilitent l'insertion en consultant les gens de Bellevue.

(b) La municipalité n'a rien fait à l'intérieur des appartements parce que les façades ont coûté beaucoup d'argent.

3 Copiez les bons résumés sur une feuille que vous garderez pour la Section 6.

## 4.3 *Recel, attention danger!*

The second topic in this section is based on an educational strip cartoon (*bande dessinée* or *BD*) produced by the local authorities to warn young people against buying stolen goods, and in particular to make them aware of the offence of receiving and keeping stolen goods (*le recel*).

We shall concentrate here on the message in the document and its likely impact on its target audience, rather than on the detail of the language. However, to help you understand most of the teenage language in the cartoon, you can read a more accessible version in standard French, then hear a recorded version of the slang dialogue as you study the *BD*.

Finally, you can practise your spoken French in two different ways: using informal greetings and expressing your opinion on the issue raised by the cartoon.

*Activité 48*
**15 MINUTES**

1 Regardez la BD qui suit, en vous aidant du texte qui est entre parenthèses, si c'est nécessaire.

# RECEL ATTENTION DANGER !

**Marco et Dany se retrouvent devant le lycée.**

(Marco    Bonjour Dany!)

(Dany    Bonjour Marco!)

(Marco    Que fais-tu?)

(Dany    Je fais des affaires. Et toi, tu es toujours au lycée?)

Musique qui provient du Walkman: à seize ans, j'ai quitté l'école pour faire du rock'n roll.

(Marco    Le son est excellent!)
(Dany    Tu es mon ami, donc je te vends le même appareil pour 200 francs.)

(Marco    Je n'ai pas payé cher! )

(Marco    Comment obtenir la garantie?)
(Dany    Pas de garantie.)

(Dany    Je te garantis personnellement que cet appareil est à l'état neuf.)
(Marco    (inquiet) Quelle est la nature exacte de ton travail?)

| (Dany (qui rit) | Je travaille avec des appareils électroniques et des systèmes d'alarme, et je cours souvent (pour échapper à la police)! ) |
|---|---|

| (Marco pense | Dany sait vraiment gagner de l'argent!) |
|---|---|
| (Dany pense | Marco est trop anxieux!) |

**La police a arrêté Dany et vient questionner Marco chez ses parents.**

2   Maintenant relisez la BD, en écoutant l'enregistrement.

Here are the more widely-used of the slang phrases in the cartoon.

### Pour vous aider

*les affaires, mon vieux, les affaires*  business, mate, business
*au bahut*  at school (schoolchildren use that slang term for school, employees sometimes use it for their office or company)
*t'es un pote*  you're a pal
*200 balles*  slang for 200 *francs* (used for round sums upwards of ten)
*embrouilles*  mess
*une occase*  a bargain (slang for *occasion*)

## Greeting someone informally

While Dany and Marco's speech is very 'teenage', there are things we can learn from them about standard French: in particular, we can look at informal greetings, concentrating on those which can be used by speakers of all ages.

Here are two dialogues, slightly different from each other because they reflect different types of social relations, but both adapted from the cartoon, first in *tu* and then in *vous* form. Both are informal, the one on the left more so. Eugène is busy painting a mural in *Bellevue*, when his old acquaintance Bertrand, a journalist, bumps into him.

| | | | | |
|---|---|---|---|---|
| Eugène | Bonjour, comment vas-tu? | | Eugène | Bonjour, comment allez-vous? |
| Bertrand | Eugène! Bien, merci. Alors **qu'est-ce que tu deviens?** | | Bertrand | Eugène! Bien merci. Alors **qu'est-ce que vous devenez?** |
| Eugène | Eh bien tu vois, j'ai un boulot dans le quartier! **Et toi, toujours au** journal? | | Eugène | Eh bien, vous voyez, je travaille dans le quartier. **Et vous, toujours au** journal? |
| Bertrand | **Oui, oui, toujours. Dis donc, c'est quand au juste** la dernière fois qu'on s'est vus? | | Bertrand | **Absolument, toujours. Dites-moi,** quand est-ce que nous nous sommes vus pour la dernière fois, **au juste?** |
| Eugène | Je ne sais plus, il y a longtemps en tout cas! | | Eugène | Je ne me souviens pas. Cela fait longtemps, en tous cas! |
| Bertrand | Alors on prend un pot ensemble la semaine prochaine. Je t'appelle lundi? | | Bertrand | Alors, allons prendre un verre ensemble la semaine prochaine. Je vous appelle lundi? |
| Eugène | D'accord. J'attends ton coup de fil. Allez, **salut!** | | Eugène | D'accord. J'attends votre coup de téléphone. Bon, eh bien, **au revoir!** |

Shown here are some reusable phrases, for instance: *qu'est-ce que tu deviens/vous devenez* can be adapted to ask an acquaintance 'how are you getting on?' or 'how are things with you?':

– Qu'est-ce qu'elle devient, Liliane?

– Eh bien, elle a eu son bébé, c'est un garçon. Tu ne savais pas?

*Toujours* (meaning 'still', rather than 'always') can reassure your friend that your job, family situation, address, etc. has not changed since he/she last saw you: here are several different examples, all of which can be answered (if the questioner is right) with: *oui* or *absolument, toujours!*

–   Et ton père, toujours en forme?

–   Les enfants, toujours aussi adorables?

–   Ginette, toujours étudiante?

*Dis donc*, or *dites donc*, indicates that you have just thought of something which is of interest to the other person.

–   Dis donc, je ne savais pas que tu avais déménagé!

–   Ah si, le mois dernier!

There is no single way of translating this very common phrase into English. Depending on context and tone, words like 'hey!' or 'I say!' or 'here!' or 'listen!' could be used.

Finally, to sign off, you can say *salut* (informal) or *au revoir* (more formal) according to the person you are speaking to.

The next *activité* gives you some practice at greeting, and responding to greetings, in informal speech.

*Activité 49*
**10  MINUTES**
**A U D I O   1 5**

1   Préparez mentalement ou par écrit votre rôle dans le dialogue qui suit. Vous rencontrez une amie. Vous vous tutoyez. À la fin de votre conversation, quand vous lui donnez votre numéro de code, ne prononcez pas chaque chiffre séparément mais commencez par 'mille'…, comme pour un nombre.

| | |
|---|---|
| Vous | (Hello, how are you?) |
| Votre amie | Très bien merci et toi? |
| Vous | (Fine, thank you. How are things with you?) |
| Votre amie | Comme tu vois, je suis en congé. Mais je reprends le travail lundi. |
| Vous | (Still at the ANPE?) |
| Votre amie | Ah non, maintenant je travaille à l'Éducation nationale. |
| Vous | (When's the last time we saw each other, exactly?) |
| Votre amie | Oh, il y a longtemps, cinq ou six mois au moins! |
| Vous | (Hey, so you don't know my new address?) |
| Votre amie | Non, tu as déménagé? |
| Vous | (Yes, I live at the top of the tower block. Come tomorrow evening. We'll talk.) |

| Votre amie | Ça, c'est une bonne idée! D'accord. Tu as un numéro de code, pour l'interphone? |
| Vous | (Yes, it's 4183.) |
| Votre amie | 4183. Demain soir, c'est bon. Alors, salut. |

2   Maintenant, écoutez l'Extrait 15 et prenez l'initiative de la conversation.

In the next *activité* you are going to give a brief monologue on your own cassette. If necessary, re-read the advice we gave you when you did *Activité 23*. Also, have another look at the title of topic 4.2. We suggest some link phrases in French for you to present your opinion, and we give you English prompts for some ideas on both sides but do choose different ones if you feel confident.

## Activité 50
### 25 MINUTES

Un conseiller municipal de Bellevue vous a dit: 'on peut agir efficacement sur la délinquance en distribuant des BD éducatives pour dialoguer avec les jeunes'. Vous trouvez que non, et vous allez le contredire. Commencez par dire: 'Oui, bien sûr, il fallait prouver aux jeunes que le recel est un danger...'.

Ensuite, concédez que la BD a certaines qualités, en choisissant peut-être parmi les arguments suivants:

* it is amusing
* it is written in the young people's language

Puis, indiquez votre désaccord, en donnant une raison, par exemple:

* the council did not have a dialogue with the young people

Puis concluez, en utilisant des arguments de ce genre:

* it is not sufficient to distribute brochures
* what young people want is a friendly environment and reasons for living

Pour lier vos phrases, voici quelques idées:

**pour concéder un point**   il est vrai que, c'est vrai que, c'est sûr que

**pour illustrer un point**   par exemple, notamment, ainsi

**pour réexpliquer un point**   c'est-à-dire, ou encore

**pour contredire**   c'est inexact, c'est discutable, c'est selon, ça dépend

**pour conclure**   en fin de compte, finalement

# 4.4  *La dérive du quartier du Luth*

In the video that you have just watched, Yasmin says '*c'est vrai que les banlieues se révoltaient, c'est vrai qu'il y a eu beaucoup d'incidents dans les banlieues, surtout à Paris*'.

One of the housing estates in Gennevilliers, near Paris, *le quartier du Luth,* is the subject of the article which you will be studying in this topic. The text discusses some of the problems on the estate, and in particular those to do with the young and with drugs. It also outlines actions taken by the authorities and by some of the residents.

This article is the basis for some extended reading, in which you will concentrate on extracting information, avoiding the word for word approach which can lead to frustration. You will find that you will not need to spend a lot of time consulting your dictionary either. Ideally, you should read the whole text once after doing *Activité 51*, then again when you come to do *Activité 55*. You might also like to time yourself on both occasions: you should find that the second time is a lot faster than the first.

The article is easier than it might at first appear, especially as it discusses a problem common all over the world, i.e. dealing with drug-taking by young people, and a subject about which you are likely to have some knowledge through reading the press or watching television.

Before reading the text, you are going to familiarize yourself with some of the vocabulary which you may not know, by doing the following *activité*.

*Activité 51*

**10 MINUTES**

Voici une sélection de mots et phrases tirés du texte, dans l'ordre de l'article. Dans l'encadré, vous trouverez les définitions de ces mots, en désordre. Associez chaque expression à sa définition.

> *Paragraphes 1 à 3*
> sans broncher
> sans âme
> s'étirent
> une promotion
>
> *Paragraphes 4 à 7*
> un accrochage
> bondés
> à peine
>
> *Paragraphes 8 à 11*
> sur le pont
> le système n'a tenu que quelques mois
> par un bout

- forment une longue ligne
- où il y a trop de gens
- cette initiative n'a pas duré longtemps
- en ne regardant qu'un seul de ses aspects
- presque pas
- un incident
- sans manifester sa surprise
- un moyen d'améliorer son statut dans la société
- mobilisés, prêts à agir
- où il n'y a pas de joie de vie

*Activité 52*

**3 0   M I N U T E S**

1   Lisez le texte ci-dessous, mais ne vous attachez pas trop aux détails pour le moment. Essayez simplement de retrouver qui est la principale victime de la drogue et qui est le personnage qui a pris une initiative inhabituelle contre la drogue. Le corrigé vous donnera ces noms.

# La dérive du quartier du Luth

**❶**   À peine sorti du centre commercial, le jeune Beur s'est fait interpeller. Contrôle de papiers. Les deux hommes en civil l'ont pris par le bras puis embarqué dans une voiture de police. Assis au soleil à la terrasse du café, Ahmed a regardé la scène sans broncher. « C'est les Stups (brigade des stupéfiants) » , affirme-t-il, « ils patrouillent tous les jours dans le coin. C'est pas les seuls. Il y a les flics et puis les CRS, au moins une fois par semaine. Ils font partie du décor ! »

**❷**   Au Luth, l'un des quartiers les plus « sensibles » de Gennevilliers, mais aussi de l'ensemble des Hauts-de-Seine, le décor n'a rien de reluisant. Quelques tours d'une vingtaine d'étages et surtout les « barres » : quatre bâtiments sans âme dont on ne voit pas le bout, qui s'étirent sur 400m de long. Résultats d'une urbanisation trop rapide et terriblement mal pensée, ces HLM n'ont de glorieux que le nom;

Ahmed vit à Beaumarchais. Les autres logent à Jean-Jacques Rousseau, Gérard Philippe ou Vladimir Lénine.

**❸**   Près de 13 000 personnes, dont 30% d'immigrés, s'entassent ici, dans cette cité ghetto, où la plupart des 3 000 appartements sont des logements sociaux. « Au départ, venir habiter au Luth était une promotion. Beaucoup de cadres moyens vivaient ici » , raconte Francis Chouat, chargé par la mairie du développement du quartier. « Et puis, petit à petit, le Luth s'est peuplé de familles en difficulté et d'immigrés. »

**❹**   De l'unique bar-tabac du quartier, on entend de la musique rap. Juste en face, dans une cave du Beaumarchais, deux jeunes préparent les Francofolies de La Rochelle. Plus loin, au club du Luth, un vieux bâtiment préfabriqué construit 'provisoirement' il y a quinze ans, un groupe organise la fête du quartier. On semble loin, ici, des violences de Mantes-la Jolie, de

Vaulx-en-Velin ou de Sartrouville…
« C'est un faux calme », dit Tabich, un jeune du quartier, « le moindre accrochage peut être l'étincelle… il suffit de pas grand-chose. Il y a tout ce qu'il faut ici pour que ça explose ! »

**5** Un taux de chômage de 29%, trois fois supérieur à la moyenne nationale, des appartements bondés, des jeunes dont 30% n'ont que l'équivalent du certificat d'études, la drogue…

**6** Tous les ingrédients sont là, tapis dans les halls et les cages d'escaliers couvertes de graffiti. « Ils disent tous les jours qu'ils vont mettre le feu », dit Francis Chouat, « ils ont dans la tête que les hommes politiques se mobilisent seulement quand il y a violence. Ils pensent qu'ils n'existent pour personne sauf quand les caméras sont là. »

**7** Eux, on les appelle ici les « galériens ». Des adolescents, encore des enfants, de 12 à 15 ans, qui traînent au bas des immeubles par petites bandes de trois ou quatre. Ils désertent l'école, refusent de parler en français, savent à peine prendre le métro pour sortir du quartier….

**8** « Il y a chez eux énormément d'impatience », reprend un éducateur, « ils attendent qu'on leur donne ce qu'on a toujours refusé à leurs parents et à leurs frères, mais avec intérêts… mais comme il n'y a plus de confiance, ils tombent dans la drogue ». En mai, l'année dernière, Rachid est mort d'une overdose. Il avait 23 ans. C'était le 17ème, au Luth, en quelques années. « On savait que c'était quelqu'un du quartier qui lui avait donné la « dope ». On en a eu ras-le-bol », dit Hamid, son frère, professeur de boxe. « Alors, on a monté une association de lutte contre la drogue. On est allé voir les revendeurs, on a passé un accord avec eux pour qu'ils ne vendent plus

dans le quartier. » La mairie, elle, a fermé les séchoirs et les caves des bâtiments. Dans tous les halls, il y a désormais l'inscription: « Tous sur le pont contre la drogue », en lettres noires.

**9** Mais le système n'a tenu que quelques mois. Aujourd'hui, la drogue est revenue dans le coin et Hamid est découragé. « On voulait prolonger cette action et travailler sur la réinsertion. Mais c'est difficile d'obtenir de l'argent. Depuis un an qu'on est sur le projet, on en est encore à l'étude de faisabilité! Les jeunes d'ici ne peuvent plus attendre… »

**10** Au bas des immeubles, des fenêtres neuves attendent, elles, d'être posées. Depuis mai 1989, le Luth fait en effet l'objet d'une procédure de Développement Social de Quartier (DSQ). La mairie replante des fleurs, installe des arrosoirs, recouvre le béton de carreaux de faïence colorés. « C'est mieux que rien, dit Belkassem, mais notre problème principal, c'est pas ça ». C'est l'emploi et la formation ! La mairie travaille aussi, à plus long terme, sur la restructuration complète du quartier. « Nous avons fait des efforts considérables et pourtant, ça ne fait que s'aggraver », regrette Jacques Brunhes, député-maire communiste de Gennevilliers. « Nous, on ne peut, en attendant, que boucher les trous. »

**11** La tâche est immense et paraît impossible. « C'est un cercle vicieux », dit un éducateur, « si on prend le problème par un bout, on ne démêle pas l'écheveau. » Hamid n'a plus le choix. Avec son amie enceinte, ils ont décidé de partir. De s'éloigner du quartier. « Vous savez, ici on vit très vite et on vieillit très vite aussi. Beaucoup trop vite. »

(*Pèlerin Magazine*, 7 June 1991)

*Pour vous aider*

*la dérive du quartier du Luth*   the Luth estate (is) going downhill

*à peine sorti*   no sooner had he emerged

*le jeune Beur*   the young (second generation) North-African

*sensibles*   sensitive (a *faux-ami!*)

*l'ensemble des Hauts-de-Seine*   the whole of the Hauts-de-Seine area (do not get confused: sometimes a high-rise estate is called *un grand ensemble*, but here *ensemble* has its more general meaning)

*les « barres »*   blocks (long and rectangular; a name only used in some areas, as you can guess from the quotation marks)

*(ils) n'ont de glorieux que le nom*   the only prestigious thing about them is their name

*Beaumarchais, Jean-Jacques Rousseau, Gérard Philipe, Vladimir Lénine*   names given by the local council to each of the blocks

*les Francofolies de la Rochelle*   a music festival held at the Atlantic resort of La Rochelle every summer.

*le certificat d'études*   the most basic school qualification, which used to be taken at age 14

*tapis dans les halls*   lurking in the hallways

*cages d'escaliers*   stairwells

*on en a eu ras-le-bol*   we got sick to death of it (slang for *on en a eu assez*)

*les séchoirs*   communal drying areas (for drying the washing, usually in the basement of the block)

*le béton*   concrete

*carreaux de faïence*   ceramic tiles

2   Pour chacune des paraphrases ci-dessous, données dans l'ordre du texte, trouvez dans l'article l'expression qui correspond et écrivez-la en dessous.

### *Paragraphes 1 à 3*

(a) l'aspect extérieur du quartier est sordide

_____

(b) qui sont si longs qu'ils semblent interminables

_____

### Paragraphes 4 à 7

(c) une paix illusoire

_____

(d) peut servir de prétexte à la violence

_____

(e) un tout petit incident est suffisant pour cela

_____

(f) ils croient que

_____

(g) personne ne s'intéresse à leur sort

_____

### Paragraphes 8 à 11

(h) sur une période assez courte

_____

(i) une personne locale

_____

(j) c'est préférable à l'inaction complète

_____

(k) ce sont des difficultés qui recommencent constamment

_____

## en passant ▸ ▸ ▸ ▸

Le mot 'maghrébin' est un terme géographique qui se réfère au Maghreb, c'est à dire au Maroc, à l'Algérie et à la Tunisie. En France, lorsque l'on parle des Maghrébins, il s'agit des immigrés nord-africains, surtout de première génération.

Les 'Beurs' sont les enfants d'immigrés nord-africains en France, surtout ceux qui vivent en région parisienne. Ils constituent la deuxième génération et sont fiers de leur culture qui n'est ni celle de leurs parents, ni celle de la France. Ils ont inventé eux-mêmes leur nom.

Le verlan est une langue que l'on parle et que l'on écrit en mettant les syllabes à l'envers (ce qui explique son nom: l'en-vers, ver-lan). Les jeunes de toutes origines ethniques aiment utiliser des mots à l'envers comme 'zonmé' pour 'maison' ou 'Ripa' pour 'Paris'.

Le mot 'beur' aussi est un mot de verlan. Il met certaines lettres du mot A-**R**-A-**B**-E à l'envers pour obtenir **B**-E-**R**.

## *Activité 53*
**1 5   M I N U T E S**

1   Traduisez en anglais les mots et expressions (a) à (i), donnés ici dans l'ordre du texte. Pour vous aider, nous vous avons donné d'autres mots de la même famille entre parenthèses.

(a) en civil (la vie civile)

(b) mal pensée (penser, une pensée)

(c) logent (un logement)

(d) s'entassent (un tas de, mettre en tas)

(e) s'est peuplé (le peuple, la population)

(f) désertent (le désert, un déserteur)

(g) revendeurs (un vendeur, vendre)

(h) un accord (être d'accord)

(i) s'aggraver (grave, gravité)

2   Voici des morceaux de phrases. Dans le texte, vous trouverez des expressions qui veulent dire la même chose que chacun de ces fragments. Notez-les. La première ligne a été faite pour vous.

(a) a été interpellé (paragraph 1)   **s'est fait interpeller**

(b) sont entassés (paragraph 3)

(c) a été peuplé (paragraph 3)

(d) être de plus en plus grave (paragraph 10)

(e) aller loin de (paragraph 11)

## *en passant*

Les noms des HLM mentionnés dans l'article sont 'glorieux' pour différentes raisons. Beaumarchais est l'auteur dramatique du XVIII<sup>e</sup> siècle qui a écrit l'original de l'opéra de Rossini *Le Barbier de Séville* et *Le Mariage de Figaro*, adapté par Da Ponte pour Mozart. Jean-Jacques Rousseau est le philosophe et auteur du XVIII<sup>ème</sup> siècle. Gérard Philipe est un acteur de théâtre et de cinéma, innovateur et brillant, qui est mort prématurément en 1959. Enfin, il n'est pas besoin de rappeler qui est Lénine (mais notez le 'e' à la fin des noms russes en français, comme Lénine, Pouchkine, Soljénitsyne, etc.).

## Using 'à peine'

When talking about the youth of the *quartier du Luth*, the author illustrates their refusal to integrate (and maybe also their poverty) by giving us an example (paragraph 7): *ils savent à peine prendre le métro* they hardly know how to use the metro. *À peine* means 'hardly' or 'scarcely' or 'barely'. In your dictionary, you will find many more examples of *à peine* and of its position in the sentence.

In the article, we get to know the *quartier du Luth*, and to read descriptions of the attitudes of some of its inhabitants. In the following comprehension activity, you are going to choose from a selection of words and phrases those that best apply to the places and people in *La dérive du quartier du Luth*. We give you the paragraph numbers that apply to each question.

## *Activité 54*
**15 MINUTES**

1 Relisez les paragraphes 2, 4, 6 et 10. Voici une liste d'adjectifs utilisés par un visiteur qui décrit le quartier du Luth. Choisissez tous ceux qui sont appropriés et notez-les. Attention, l'article donne parfois des informations contradictoires.

> silencieux; triste; sympathique; bourgeois;
> vandalisé; chaleureux; partiellement
> rénové; animé; pauvre; calme; bruyant

2 Relisez le paragraphe 1. Notez tous les adjectifs qui décrivent le caractère d'Ahmed.

> indifférent; révolté; résigné; hostile;
> impassible; hésitant; détaché; timide

3 Relisez les paragraphes 6 et 7. Notez toutes les expressions et tous les adjectifs qui décrivent le caractère des jeunes du quartier selon Francis Chouat et selon l'auteur.

> indignés; révoltés; fiers; honteux; soulagés;
> à peine éduqués; politisés; sarcastiques;
> humiliés; amusés; à peine polis

4 Relisez les paragraphes 8 et 11. Notez toutes les expressions qui décrivent le caractère de Hamid.

> il est plein d'énergie; il est tenace;
> il est solitaire; il a perdu confiance;
> il montre de l'initiative; il est courageux;
> il est charitable

In the last *activité* of the topic, you are going to add to your collection of essay writing resource materials by using ideas from the text, and translating them into statements for use in your essay.

We give you the ideas in English, and you will find that most of the language needed for the translation comes from the text. Try to resist the temptation of using your dictionary and of looking at the *corrigé* until after you have completed step 3. When you have finished, place your work in your dossier.

## Activité 55
**1 5  M I N U T E S**

1  Relisez l'article 'La dérive du quartier du Luth'. Vous comprenez maintenant presque tout et vous pouvez probablement le lire plus vite que la première fois.

2  Traduisez les phrases suivantes en français, sans regarder le texte. Ne cherchez pas à faire des traductions parfaites. Vous pouvez laissez des trous. L'important est de faire travailler votre mémoire.

(a) For example, on some estates, the unemployment rate is 29%, that is to say three times higher than the national average.

(b) Groups of young people have taken on responsibilities and set up associations to fight drugs.

(c) Without any doubt, the two main solutions are employment and training.

(d) In many local areas, the town councils have tried very hard and yet the situation is only getting worse.

3  Vous pouvez maintenant compléter vos traductions en les vérifiant dans 'La dérive du quartier du Luth'. La majorité des mots nécessaires est dans le texte: paragraphes 5, 8, et 10.

## Faites le bilan

When you have finished this section of the book, you should be able to:

- Contradict politely, using *c'est inexact, c'est discutable, ça dépend* (*Activité 46*).

- Greet someone informally (*Activité 49*).

- Use link words to concede, illustrate, contradict and conclude in an oral argument (*Activité 50*).

- Recognize emphatic intonation (*Activité 45*).

# *Vocabulaire à retenir*

## *4.1 Bellevue, la cité de Yasmin*

se révolter

s'inquiéter de quelque chose/de l'avenir

faire visiter un endroit à quelqu'un

le même, sinon pire/les mêmes, sinon pires

## *4.2 Il ne suffit pas de refaire les façades*

prendre des mesures (pour)

un travail de longue haleine

une cage d'escalier

## *4.3 Recel, attention danger!*

comment je fais pour la garantie/ les billets/l'inscription?

un numéro de code

un interphone

## *4.4 La dérive du quartier du Luth*

il suffit de pas grand-chose

se faire interpeller

faire partie du décor

il y a tout ce qu'il faut pour que

traîner (dans la rue)

la situation ne fait que s'aggraver

n'avoir plus le choix

chaleureux, -euse

révolté, e

# 5 La parole aux jeunes

## STUDY CHART

| | Topic | Activity/timing | Audio/video | Key points |
|---|---|---|---|---|
| 2 hrs | 5.1 *Le Zorro beur des HLM* | 56 (25 mins) | | A policing initiative on a deprived estate |
| | | 57 (20 mins) | | Summarizing and making notes |
| | | 58 (20 mins) | Audio | Using *lui, il/ eux, ils, etc.* |
| | | 59 (20 mins) | | Expressing your opinion about policing methods |
| 1 hr | 5.2 *E'Bride Gang* | 60 (10 mins) | | Vocabulary: aspirations of the young |
| | | 61 (20 mins) | Audio | Understanding issues and attitudes on racial integration |
| | | 62 (5 mins) | | Summarizing and making notes |

*I*n this section, we meet some young people who have used their own initiative to improve their personal prospects, or those of their local community. In the first topic, *Le Zorro beur des HLM*, Zorro has flown to the defence of potential young delinquents by pre-empting police action and inventing his own kind of policing. The other topic in the section is *E'Bride Gang*, a recording (video and audio) of a group of young men who want to belong to an integrated society and express this in their rap music.

## 5.1   Le Zorro beur des HLM

In this topic we look at part of an article originally written for *Le Nouvel Observateur*, one of the leading quality weeklies in France. The subject of the article is a novel way of dealing with delinquency in *Le Pigeonnier*, an area of a large housing estate. The style is journalistic, making much use of the present tense to make the story feel real, and using the past tenses from time to time for effect.

Your main tasks in this topic are reading and speaking: understanding the actions explained in the article, and putting over a point of view about them.

*Activité 56*

**25   MINUTES**

1   Lisez l'article ci-dessous, en pensant à la question suivante:

Nourredine Gaham a fait une démarche originale. Laquelle?

# LE ZORRO BEUR DES HLM

*Nourredine Gaham, ancien chef de bande reconverti dans la lutte contre la délinquance, croit aux vertus du dialogue. Et ça marche!*
De sa fenêtre, Nourredine Gaham surveille le Pigeonnier. Au troisième étage, dans un petit appartement transformé en bureau, il domine cette cité des quartiers nord d'Amiens qu'il rêve de transformer en havre de paix. *« Il y a cinq ans, les appartements se vidaient, les bus, les taxis ne voulaient plus venir, les voitures flambaient la nuit, les cars de flics étaient accueillis à coups de pierres. »*

En 1986, Nourredine, 26 ans, fils de harki, titulaire d'un CAP de plombier, en a assez. Il fonde une société de surveillance, la First : « la sécurité sans soucis ». Sa méthode : le dialogue. *«Il faut savoir prendre les jeunes, leur expliquer pourquoi il ne faut pas rester dans les cages d'escalier. La police ne peut pas le faire. Quand elle vient, c'est pour réprimer. Les jeunes nous connaissent : on a grandi avec eux. Mais il ne faut pas hésiter parfois à leur donner des coups de pied au cul »*, explique-t-il, en laissant entendre qu'il a lui-même flirté avec la délinquance.

*« D'ailleurs, on emploie à la First quelques anciens chefs de bande repentis »*. Une vingtaine de salariés assurent les contrats pour l'Office HLM et plusieurs grands magasins du secteur. Des Français musulmans ou de souche, des Tunisiens, des gens de droite comme de gauche y travaillent. *« Au Pigeonnier »*, assure Gaham, *« il n'y a plus vraiment de races. Notre origine, c'est la cité »*. Toutes les nuits, de 17 heures à 6 heures du matin, les équipes de la First arpentent les caves, les cages d'escalier et les tours.
17 heures, première ronde. Au

volant de la voiture de patrouille, Farid, 26 ans. Il travaille à la First depuis dix-huit mois pour 4 600 francs mensuels. Avant, il était au chômage. La voiture tourne lentement en longeant les immeubles. Trois jeunes sont assis dans une cage d'escalier. Farid s'arrête : « *Vous pouvez changer de place? Faut pas rester là* ». Les jeunes s'exécutent. « *Ils reviendront,* *mais nous aussi ; c'est comme un jeu entre nous. Au bout de plusieurs fois, ils se lassent* »... Préfet et maire ont salué l'action de la First. En quatre ans, la délinquance a chuté de 70 à 80%. La cité est redevenue vivable, trois groupes de rock sont nés ; des fêtes ont été organisées. Néanmoins, en toile de fond, l'approche des difficultés est souvent différente. « *Les* *immigrés, ils veulent en faire des assistés, des moutons* » dit Gaham. « *Nous, l'assistanat, on n'en veut pas.* »

Et il tente d'aider ceux qui passent par la First à trouver des débouchés professionnels : « *Quand ils seront sur les rails, ils verseront une partie de leurs bénéfices pour en aider d'autres.* »

(*Le Nouvel Observateur*, 13–19 septembre 1990)

### Pour vous aider

*flambaient*  went up in flames

*(il) en a assez*  (he's) had enough

*il faut savoir prendre les jeunes*  you have to know how to handle the young people

*leur donner des coups de pied au cul*  to kick them up the ass (used only in the most informal of situations!)

*repentis*  reformed (from *se repentir*, to repent)

*arpentent*  walk up and down

*ils se lassent*  they get tired of it (and they give up)

*assistés*  people who live on hand-outs

*l'assistanat*  charity

2 Traduisez l'expression *la délinquance a chuté de 10%* en anglais, sans consulter votre dictionnaire.

3 Associez les expressions suivantes, données dans l'ordre du texte, à leur paraphrase. Ne regardez pas votre dictionnaire.

| Expressions du texte | Paraphrases |
|---|---|
| (a)  en havre de paix | (i)  dont les origines sont françaises |
| (b)  de souche | (ii)  vous devez partir |
| (c)  en longeant | (iii)  en lieu tranquille |
| (d)  faut pas rester là | (iv)  obéissent |
| (e)  s'exécutent | (v)  en passant le long de |
| (f)  est redevenue vivable | (vi)  n'est plus insupportable |
| (g)  des débouchés professionnels | (vii) des possibilités de travail |

4  Voici trois résumés tirés du texte. Soulignez dans le texte les phrases qui expriment les idées suivantes:

(a) Le Pigeonnier was a no-go area for the police.

(b) Nourredine has the same background as the kids he deals with and he feels that this entitles him to use particular methods with them.

(c) The kids need to be told to move off several times but the 'First' patrols are persistent and win out in the end.

5  Rédigez maintenant votre réponse à la question du début de l'activité, en une trentaine de mots.

Now you are going to create a few summaries which will be used as notes for the essay writing in the last section of the book. Whether you make your summaries in close imitation of the *Le Zorro beur des HLM* text or whether you choose your own words, try to keep to the same tenses as are in the text, except for question 2.

## Activité 57
**20 MINUTES**

1  Résumez en une quinzaine de mots ce que dit le texte sur l'attitude des jeunes et les sentiments de la communauté.

2  Résumez en une phrase l'initiative prise par Nourredine. Utilisez un verbe différent de celui qui est dans le texte.

3  Résumez en une quinzaine de mots ce que le texte dit à propos de la police.

4  Résumez en une trentaine de mots les relations qui existent entre les équipes de la 'First' et les jeunes de la cité.

5  Écrivez une phrase ou deux pour montrer, avec des statistiques, si l'initiative de Nourredine a réussi.

6  Expliquez en une phrase ou deux ce que Nourredine veut prouver à propos des jeunes.

### en passant ▸ ▸ ▸ ▸

Pendant la guerre d'Algérie, de 1954 à 1962, des miliciens algériens, les harkis, ont collaboré avec les troupes françaises. Beaucoup d'entre eux, restés en Algérie après l'indépendance, ont été massacrés. Quelques milliers sont venus en France, où on leur a souvent montré de l'indifférence, sinon de l'hostilité. Ce racisme réservé à des gens qui ont aidé la France a été considéré par une partie de la population française comme particulièrement révoltant.

▸     ▸     ▸     ▸

## Using 'moi, je...', 'toi, tu...', etc for emphasis

In spoken French and in relaxed written French, you can emphasize the main point of a sentence by doubling up on the number of subjects or objects.

**Moi, je** ne comprends pas pourquoi il y a tant de sans-abri.

**Le quartier du Luth**, on **le** connaît bien.

Here are some more examples taken from *La dérive du quartier du Luth*, with their English equivalents. You should bear in mind that, in written translation, we cannot stress things as much as would be possible if we used the spoken word. We have tried to convey the emphasis through the words in bold.

*La mairie, elle, a fermé les séchoirs et les caves.*
(Pronoun standing for noun subject. The idea is to contrast with the local people's own initiatives: '**The townhall, on the other hand**, closed the drying areas and the cellars.')

*Des fenêtres neuves attendent, elles, d'être posées.*
(Pronoun standing for noun subject. The contrast is with *Les jeunes d'ici ne peuvent plus attendre*: '**Talking of waiting, new windows** are waiting to be put in.')

*Eux, on les appelle ici les 'galériens'.*
(Pronoun standing for direct object pronoun. The emphasis is due to the fact that the young people have been mentioned several times (anonymously) as *ils*, in the previous paragraph: '**They, meaning the kids, are** known as *galériens* around here'.)

In L*e Zorro beur des HLM*, Nourredine Gaham uses a double emphasis, with the emphatic pronoun *nous* standing for the subject *on*, and the emphatic pronoun *en* standing for the object *l'assistanat*:

*Nous, l'assistanat, on n'en veut pas.*
Charity, that's something we don't want, no, not us.
or
Charity, that's something we, personally, don't want.

Here are all the forms of the emphatic pronoun with everyday examples to help you remember them more easily:

**moi** (moi, je ne comprends pas son accent)

**toi** (toi, tu es perfectionniste)

**lui** (lui, il a écrit au maire)

**elle** (elle, elle ne veut jamais m'écouter)

**nous** (nous, on n'est pas satisfaits)

**nous** (nous, nous partirons jeudi)

**vous** (vous, vous avez de la chance)

**eux** (eux, ils prennent toujours leurs vacances en hiver)

**elles** (elles, elles ne sont jamais contentes)

In the next *activité*, you can practise using the emphatic pronoun. When you speak, you don't need to stress the pronouns: the construction does the stressing for you!

Vous animez un club de jeunes dans une banlieue. Vous devez quitter votre poste et avant de partir, vous expliquez les horaires du club à votre successeur. Il vous écoute, puis vous demande encore quelques précisions. Répondez dans les pauses de l'extrait.

You are now going to record a short speech on cassette. The language you need to link your arguments together is suggested to you in *Activité 50*. But the ideas are your own. You could try jotting them down first (in French), in two columns according to whether they support the argument or not. It will be easier for you to put in the linking phrases if your preparations for speaking are visual. The thing to try and avoid doing is writing it all down and reading it!

Au cours d'une discussion, un ami vous explique que la méthode de Nourredine est la seule valable. Vous n'êtes pas tout à fait d'accord. Vous lui répondez. Dans votre réplique, vous allez concéder, contredire, illustrer et conclure, en vous enregistrant sur cassette.

## 5.2 E'Bride Gang

In the last topic of this book you will see a group of young rap musicians and dancers in Bellevue. You will have an opportunity to discover French rap music (*le rap*) with a group called *E'Bride Gang*. Their name is probably a pun on *hybride* and *eh!*, meaning 'hey!'. You will understand why when you listen to what they say.

When you watch the video, you will see the members of the group dancing, singing, and explaining what rap music means to them. As you probably know, the words in a rap are not always easy to follow, even in English! So we have put the young Bellevue *rappeurs'* remarks on your audio cassette, for easier study. You can watch the video at any convenient point during your study of this topic, but if you have the choice, we recommend you start by doing the audio work, as you will understand the *rappeurs* better if you watch them afterwards.

The next *activité* will prepare you for understanding the *rappeurs*.

## Activité 60
**10 MINUTES**

1 Associez chaque expression française ci-dessous à son équivalent anglais.

*retenir l'attention*      to get together

*être mal vu*      to speak to

*se regrouper*      to have a bad reputation

*s'adresser à*      to be noticeable

2 Les trois mots 'mélange', 'métissage' et 'hybride' sont-ils:

(a) des synonymes?

(b) des faux-amis?

*Activité 61* will help you understand Syad and Franck, two members of the group. Notice also Syad's repeated *comment dire?*, a testimony to his desire to express himself clearly for the interviewer, and Franck's use of the emphatic pronoun (*les jeunes, ils*) at the end of *Extrait 17*.

## Activité 61
**20 MINUTES**

**AUDIO 17**

1 Écoutez attentivement, en vous concentrant sur les ambitions exprimées par les deux jeunes gens, Syad et Franck.

**Pour vous aider**

*le métissage*   mixing of races

*avant tout*   first and foremost

*net*   unambiguous

*comment dire?*   how shall I put it?

*un comportement*   behaviour

2 Cochez les bonnes réponses aux questions suivantes.

(a) Qu'est-ce qu'ils voulaient éviter quand ils ont choisi le nom 'E'Bride Gang'?

d'être considérés comme des Français de souche      ❏

d'être considérés comme des délinquants      ❏

(b) Quels sont les groupes ethniques représentés dans 'E'Bride Gang?'
(Il y a plusieurs réponses correctes.)

Africains ❑

Maghrébins ❑

Américains ❑

Français ❑

(c) D'après Syad, le rap s'adresse surtout:

à des amis ❑

aux jeunes en France ❑

aux Maghrébins qui sont dans le quartier ❑

(d) Dans les deux phrases ci-dessous, choisissez celle qui exprime
l'opinion des rappeurs sur les jeunes:

ils rejettent radicalement la société ❑

on ne les écoute pas assez ❑

(e) D'après Franck, on accuse les jeunes de deux choses. Lesquelles?
(Cochez les deux.)

d'écouter trop de musique au lieu de favoriser l'école ❑

de donner un mauvais exemple aux plus jeunes ❑

d'avoir des comportements qui ne sont pas corrects ❑

de faire des bêtises ❑

Before you leave the audio recording, here is an *activité* where you have
to choose between summaries. When you have chosen, make notes and
add them to your essay resource material for Section 6.

## Activité 62
**5 MINUTES**

1 Choisissez les deux résumés qui illustrent le mieux ce que disent Syad
et Franck, rappeurs à Bellevue.

(a) Ces jeunes, souvent mal vus dans la société, veulent s'intégrer,
grâce à l'éducation.

(b) C'est la violence radicale des rappeurs qui est un obstacle à leur
insertion.

(c) Ces jeunes, souvent mal vus dans la société, veulent s'intégrer
grâce à la création musicale.

2 Copiez le bon résumé sur une feuille que vous garderez pour la
section suivante.

## Faites le bilan

When you have finished this section of the book, you should be able to:

- Use the pronouns *moi, je…* , *toi, tu…* , etc. for emphasis (*Activité 58*).

- Express your own opinion orally about an issue, with appropriate link words (*Activité 59*).


## Vocabulaire à retenir

### 5.1 Le Zorro beur des HLM

transformer quelqu'un en

titulaire d'un CAP/d'un diplôme

j'en ai assez/il en a assez

il faut savoir le/les prendre

des Français de souche

au bout d'une fois/de plusieurs fois

un plombier/une femme plombier

### 5.2 E'Bride Gang

retenir l'attention (de quelqu'un)

être mal vu, e

un voyou

le métissage

faire passer un message

donner un bon exemple à quelqu'un

un Maghrébin, une Maghrébine

réussir dans la vie/dans la chanson

faire des bêtises

# 6 Douce France? Le verdict

## STUDY CHART

| | Topic | Activity/timing | Audio/video | Key points |
|---|---|---|---|---|
| *1 hr 10 mins* | *Timing* | 63 (20 mins) | | Collecting information and selecting |
| | | 64 (15 mins) | | Writing an essay plan |
| | | 65 (25 mins) | | Writing an essay |

*I*n the last section of the book, you are going to write an essay summarizing, on the one hand, the positive initiatives available to those who struggle against exclusion and, on the other, the long-term obstacles to integration for disadvantaged groups. The ideas for the writing will have emerged from your study of the topics in this book. In your conclusion, you will be able to express your own opinion.

*Activité 63*, to be carried out before you start writing, encourages you to examine your collected notes and to take stock of what you think about the issues of exclusion and integration as presented here, by selecting them for inclusion in your essay, or rejecting them, as appropriate. *Activité 64* gives you some help with choosing the words that will make your writing into a structured essay. *Activité 65* is the writing itself. Your essay title will be:

> Actuellement en France, quels sont les facteurs qui font obstacle à l'insertion des exclus, et quels sont ceux qui la facilitent?

and the length will be between 250 and 300 words. At that point, you're on your own, but the *corrigé* will give you help in deciding how well you did.

Each of the notes you made earlier is a statement to be used as an example (or to be discounted as not relevant to the essay title). So first, spend some time selecting information to use in the essay: go back to your notes with two highlighter pens (*des surligneurs*) in different colours and do the preparation in *Activité 63*. The next stage will be to put all the information together in an organized form. You might find it helps to use a large sheet of paper and to map out on it the arguments you are going to use.

## Activité 63
**20 MINUTES**

Reprenez les notes que vous avez gardées dans votre dossier. Avec un surligneur, marquez les notes illustrant 'les facteurs qui font obstacle à l'insertion des exclus'. Avec un surligneur d'une couleur différente, marquez les notes illustrant 'les facteurs qui la facilitent'.

### Putting an essay together

Having practised your research skills (by building up, labelling and finally retrieving the notes which you've made as you've worked through this book), you now have to plan, then write the essay. An essay can be 8000 words long, or just 300, like the one which you are about to write. Regardless of the length, the purpose of an essay is always the same: to put

across your opinion, backed by awareness of the facts. In order not to lose your reader, you have to organize the knowledge, typically into four main elements:

- An introduction, setting the scene and, very importantly, setting limits to what you will be discussing (to reassure your reader that you know where you are going).

- A main aspect of the issue, with examples.

- A different aspect of the issue (preferably a conflicting one, for maximum drama and reader interest).

- Your conclusion (where you should preferably commit yourself, even if it means saying that you cannot see a solution).

In addition, we'd like you to make sure that you put into practice the techniques for stressing a point that we mentioned earlier in *Valeurs*.

The next *activité* helps you choose key link phrases for structuring your paragraphs. It involves using your dictionary, either to find translations for English link words in the English–French half of the dictionary, or – a preferable method – by consulting a special section on how to write an essay. In the Collins-Robert dictionary, this is at the back or in the middle of the book according to edition, and it is entitled *La dissertation*.

Finally, as part of the revision work for this book, you could also go over the vocabulary which you have learned, and look for link words relevant to essay writing, such as *par exemple, il est vrai que, une chose qui est totalement inexacte,* etc. Do so, preferably after completing *Activité 64*, which will give you a start in identifying these link words.

## Activité 64

**15 MINUTES**

Voici six catégories, une pour chaque élément de la rédaction. Regardez la section 'La dissertation' dans le dictionnaire. Pour chacune des catégories, notez au minimum une phrase synonyme de celle qui est donnée. Écrivez ceci sur la feuille que vous garderez. Nous avons fait catégories 1 et 4 à votre place.

1 Pour introduire un sujet:

- Nous allons examiner la question de
- On dit souvent que (state your starting point). Nous allons voir dans quelle mesure c'est vrai

2 Pour introduire un exemple, une citation:

- c'est ainsi que

3 Pour présenter un point de vue différent:

- Cependant, on constate (aussi) que

4 Pour généraliser:

- D'une manière générale, on peut dire que
- Il est généralement vrai de dire que

5 Pour souligner un argument:

- Il est sûr que

6 Pour conclure:

- En fin de compte, on peut dire que

## Activité 65

**25 MINUTES**

Maintenant, rédigez un passage de 250 à 300 mots, en français, sur le thème:

> Actuellement en France, quels sont les facteurs qui font obstacle à l'insertion des exclus, et ceux qui la facilitent?

## *Faites le bilan*

When you have finished this section of the book, you should be able to:

- Organize a set of notes from your reading, viewing and listening (*Activité 63*).

- Write a structured essay on a debated issue (*Activités 64* and *65*).

# Corrigés

## Section 1

**Activité 1**

2 les sans-abri, les sans-logis, les gens qui sont à la rue

3 (a) en leur procurant un logement et un travail

(b) et de leur permettre de gagner leur vie

(c) la philosophie d'Emmaüs, c'est d'accueillir des gens qui sont à la rue

**Activité 2**

2 The answer you should have ticked is (a). The word Jean uses is *environnement*. He also uses another phrase meaning much the same thing: *un lieu de vie* (a place where they can live: this implies surroundings, shelter, reasonable privacy, and companionship).

3 The missing words are shown in bold:

(a) – Donc **on doit** respecter les horaires. Ensuite?

– **Il faut** ranger régulièrement sa chambre?

(b) *L'alcool.* Drugs (*la drogue*) and gambling (*les jeux d'argent*) may well be forbidden as well, but Patrice doesn't mention them.

4 Here is what Patrice says, in the order of the video sound-track:

(d) les produits de l'hygiène

(a) les soins

(g) la nourriture

(c) le logement

(f) notre occupation journalière

**Activité 3**

2 Here is the complete dialogue. The missing words are shown in bold:

| | |
|---|---|
| Jackie | Est-ce qu'on répare? |
| Patrice | Oui, oui, on restaure, on ne répare pas. |
| Jackie | D'accord. Et après, c'est **mis** en magasin? |
| Patrice | Après, c'est **mis** en magasin. |
| Jackie | Et c'est **vendu** ? |
| Patrice | **Vendu**, oui. |
| Jackie | C'est tout le temps **vendu**? |
| Patrice | Tout le temps, oui. Tout **se vend**! |

| Jackie | Tout **se vend**? |
|---|---|
| Patrice | Tout! Ce que vous pouvez voir ici, ça **va être vendu** aussi. |
| Jackie | Tout **se vend**. |

3 vendre; mettre

## Activité 4

1 Si le code est incorrect, la carte est refusée.

2 L'atelier est rangé tous les soirs.

3 Ces vieilles bouteilles sont vendues aussi.

4 Les lettres étaient lues par les gardiens de prison. (You may have preferred to translate prison officers by *gardiennes* de prison.)

5 Même les fauteuils ont été réparés.

6 Les tas de livres seront triés, tôt ou tard.

## Activité 5

Here's the mini-dialogue in French. Your responses are shown in bold:

| Alain | Elle a l'air délicieuse, cette salade de fruits. Qu'est-ce qu'il y a dedans? |
|---|---|
| Claude | **On la fait avec de l'ananas, des fraises et des kiwis.** |
| Alain | Et un petit peu de rhum? |
| Claude | **Oui, et puis on ajoute du miel et du jus de citron vert. Et bien sûr, on la sert bien fraîche.** |

## Activité 6

1 Le français se parle dans de nombreux pays africains.

2 Les somnifères se vendent sur ordonnance.

3 La décision s'est prise sans moi.

## Activité 7

### Séquence 1

1 À Emmaüs, ce sont les résidents qui réparent et vendent eux-mêmes les objets. En échange de leur travail, on les aide matériellement, par exemple en leur donnant un logement.

(At Emmaüs, the residents themselves repair and sell the things. In exchange for their labour, they are given practical help, such as a place to live.)

### Séquence 2

4 Pour Emmaüs, la meilleure façon d'aider les sans-logis, c'est de leur donner des responsabilités.

(For Emmaüs, the best way to help the homeless is to give them responsibilities.)

**Séquence 3**

6 À Emmaüs, on aide moralement les sans-logis en leur apprenant les responsabilités d'une occupation journalière et en leur donnant l'occasion d'être entourés.

(At Emmaüs, they give the homeless moral support by teaching them the duties associated with a daily occupation, and by giving them a chance to experience friendship.)

**Activité 8**

2 You should have ticked: (c), (d), (e), (f), (g).

3 Here is the text with the complete verb forms shown in bold:

Les magasins Emmaüs ont tous besoin de marchandises, mais on n'y trouve pas partout les mêmes choses. À la rue de Chaconne, c'est plutôt du linge qui **est demandé**. Les vêtements **sont nettoyés** et **repassés**[1]. Les dentelles **sont blanchies** avant d'**être vendues**[2]. La communauté d'Angers dispose de beaucoup de place et peut accepter de plus gros objets: les bibelots et les jouets **sont rangés** à l'intérieur, les meubles et les appareils de salle de bain **sont stockés** dehors. Mais une chose est certaine: dans les deux magasins, tout **est recyclé** et tout **est vendu**.

[1] You could have written *sont nettoyés et sont repassés*. However, dropping the second *sont* makes for a snappier style.

[2] *avant de* is followed by the infinitive, so *vendre* was the verb which had to be written in the present passive form of the infinitive.

**Activité 9**

2 Here is the sort of information required:

(a) they collect it themselves

(b) it's free of charge

(c) write to them (*66 rue de Chaconne, Lourvois*), or phone (*9 32 47 47*)

**Activité 10**

1 (a) ce que vous nous donnez

(b) ce qui est utilisable

(c) ce qui peut encore être utile

(d) ce qui ne vous sert plus

2 You may have translated the phrases as shown in bold below:

(a) the things which you give us

(b) anything that's usable

(c) the things which can still be of use

(d) the things which are no longer any use to you

**Activité 11**   The missing words are shown in bold:

1   Comme ce n'est pas cher, j'achète tout **ce qui** me plaît. (*Tout* implies a number of unspecified things and is therefore followed by *ce qui*.)

2   Nous accueillons des gens **qui** sont à la rue. (The pronoun *qui* stands for *les gens*, which specifies what the focus of the message is about, i.e. people.)

3   Je vais vous expliquer **ce qui** constitue notre philosophie. (*Expliquer* is not followed by a specific object. The 'explanation' may range over a variety of ideas.)

4   Voilà un magasin **qui** n'est pas ordinaire. (The sentence is about a specific thing, i.e. a shop.)

5   Le fait d'avoir des contacts humains et d'être entourés, c'est **ce qui** est le plus important pour eux. (The focus of the sentence is specified, but it is centred around a general idea, i.e. the fact of being in touch with other human beings and of not being isolated.)

**Activité 12**   Here are the complete sentences with the missing words given in bold:

1   Un environnement où ils puissent prendre des responsabilités, voilà **ce que** Jean veut donner aux sans-abri.

2   Je ne me souviens pas de **ce qui** est absolument interdit à la communauté Emmaüs. C'est l'alcool ou le tabac?

3   Patrice a expliqué qu'Emmaüs donne de quoi manger aux compagnons, mais **ce qu'**il a réellement dit, c'est 'la nourriture'.

In both (a) and (c) above, your job was to replace a direct object, while in (b) *ce qui* was the subject of the verb *être*. In (a) the phrase *un environnement où ils puissent prendre des responsabilités* answers the question *Qu'est-ce que Jean veut donner aux sans-abri?* and is therefore the object of *veut donner*. Similarly in (c), if we ask the question *Qu'est-ce que Patrice a réellement dit?* we get the answer *la nourriture*, so the phrase *la nourriture* is the object of the verb *dire*.

**Activité 13**   Here are the complete sentences with the missing words in bold (in parentheses we have indicated the clues which may have helped you recognize the pairs).

2   Je vous envoie la liste de **ce que** vous devez joindre à votre demande d'inscription. (use of the *vous* form)

3   Êtes-vous certain(e) de **ce que** vous dites? (use of *vous* in a question)

4   Mettez dans un sac-poubelle tout **ce qui** se recycle et dans un autre les choses à jeter. (use of *vous* and repetition of preposition *dans*)

5   Il ne faut pas croire tout **ce qu'**on lit dans les journaux. (impersonal phrases *il ne faut pas* and *on*)

6   Tais-toi et finis **ce qu'**il y a dans ton assiette! (use of *tu* and *ton*, imperative form and exclamation mark)

7   Quand nos enfants étaient petits, le manque de place, c'était **ce qui** nous préoccupait le plus. (use of *nos* and *nous*)

**Activité 14**

1 The two expressions are: *Tout cela peut nous servir* and *ce qui ne vous sert plus.*

2

(a) Ces vieilles bouteilles ne nous servent à rien.

(b) Je vais trier les vieux vêtements qui ne me servent plus.

**Activité 15**

Here is one possible answer (the link words are shown in bold):

Les hommes qui travaillent à l'organisation Emmaüs ne sont pas payés **mais** l'organisation vend au public les objets qu'ils réparent. **Ainsi** le public donne l'argent qui permet à Emmaüs de procurer un travail et un logement aux sans-abri.

**Activité 16**

1 Here is the type of information required:

(a) Things in an attic: a large wardrobe, clothes, a cooker.

(b) The cooker: it does not work.

(c) They will fix it if they can.

(d) Monday afternoon.

(e) It's a private house.

**Activité 17**

The conversation should have gone like this. Your responses are shown in bold:

— Allô, ici Emmaüs Angers. C'est bien vous qui nous avez laissé un message?

— **Oui, c'est ça. J'ai un grenier à débarrasser.**

— Oui, il s'agit de quel genre de choses?

— **Il y a un lit, une collection de livres et des vêtements.**

— Bon, c'est parfait. Alors prenons rendez-vous.

— **Attendez, j'ai aussi une table qui ne me sert à rien.**

— D'accord, on la prend aussi. Alors, à quel moment peut-on passer?

— **Mercredi ou jeudi, entre dix-neuf heures et vingt heures.**

— Oui, jeudi ça va. C'est à quelle adresse?

— **125, rue Mozart.**

— C'est à l'étage?

— **Non, ce n'est pas un appartement, c'est une maison.**

— Bon, on fera ça jeudi entre dix-neuf et vingt heures. Au revoir.

— **Au revoir et merci.**

# Section 2

**Activité 18**

Here are the phrases correctly matched:

| | |
|---|---|
| *il a fait le tour des agences* | he went round the job centres |
| *sa société lui a annoncé* | his company told him |
| *il n'a plus jamais retrouvé de travail* | he never got another job |
| *il n'embauche pas d'employés plus diplômés que lui* | he doesn't take on staff who are better qualified than he is |
| *revenez nous voir* | come and see us again |
| *il a fait tout ce qu'il pouvait faire* | he did everything possible |

**Activité 19**

2    Sentences (ii) and (iv) are answers to question (a).

Sentences (iii) et (vi) are answers to question (b).

Sentences (i) et (v) are answers to question (c).

**Activité 20**

1    The missing words are in bold:

Il ne trouve pas de travail dans sa qualification parce **qu'il est surqualifié** et **que les patrons préfèrent embaucher des jeunes qu'ils payent moins cher.**

2    La situation économique actuelle **fait obstacle à** l'intégration des nouveaux pauvres dans la société.

**Activité 21**

1    In each of these passages, the word *où* means 'where'.

2    In *jusqu'au jour où sa société lui a annoncé que* the word *où* means 'when' (you may also have translated *où* as 'that', i.e. 'the day that his company informed him'. Or you may not have translated it at all, i.e. 'the day his company informed him').

**Activité 22**

This is how the dialogue should have proceeded. Your responses are shown in bold:

– Dites-moi, vous avez commencé à vous sentir très fatigué(e) quand?

– **Le jour où j'ai déménagé.**

– Et… à quel moment de la journée commencent vos migraines?

– **Au moment où je rentre à la maison.**

– Vous avez parfois des insomnies?

– **De temps en temps, quand j'ai des problèmes au travail.**

– Il vous arrive d'avoir des journées très chargées?

– **Oui, il y a des jours où je n'ai même pas le temps de manger.**

– Mais vous avez quand même des moments de détente, dans la semaine?

– **Oui, à la fin de la semaine, quand tout mon travail est fini.**

**Activité 23**

Here is an example of a story, told by Michelle to her grand-daughter:

> Quand j'étais très jeune, je travaillais dans une entreprise de micro-mécanique. J'avais une bonne qualification et j'étais technicienne. Et puis un jour mon contrat n'a pas été renouvelé. Je n'avais plus de travail, donc plus d'argent. Je ne pouvais plus payer mon logement, alors je suis devenue une sans-abri. Je passais mes nuits dans des centres d'hébergement. Le matin, j'allais au local de Solidarité Chômeurs à sept heures et demie. Le local n'ouvrait qu'à huit heures. J'avais le temps de boire un café. J'avais froid. Ensuite je faisais le tour des agences pour l'emploi mais j'obtenais toujours la même réponse négative. Je me retrouvais quelquefois à Saint-Merri, où étaient installés les Restaurants du Cœur. Mais je ne pouvais même pas manger parce que j'avais le cœur serré. Alors, je préférais rester le ventre vide et regarder seulement.

> Heureusement, un jour, j'ai retrouvé du travail dans ma qualification et j'ai enfin retrouvé une raison de vivre! Maintenant, ce moment pénible de ma vie n'est plus qu'un mauvais souvenir!

To make sure that you have used the imperfect and perfect tenses correctly, try checking whether you could express each verb in English with the phrase 'I used to'. Wherever that phrase fits, your French verb should be in the imperfect. Other past actions should be described using the perfect tense.

**Activité 24**

2  Here is the complete transcription with the missing words given in bold:

> Alors justement, nous, euh, à ATD… on se veut très complémentaires d'organisations qui existent et qui font très bien… très, très bien ce qu'ils font, par exemple, comme le Secours Catholique, euh, Emmaüs, la Croix Rouge, d'autres organisations comme ça, qui font ce qu'on appelle de **l'aide** matérielle directe; c'est-à-dire qui vraiment **essaient** de **subvenir** aux **besoins** immédiats des gens.

> Hein, c'est des problèmes de **logement**, oui, mais beaucoup… de nourriture… de vêtements, enfin de chauffage et toutes ces choses-là. Mais si ces **conditions**-là existent, c'est parce que justement, à la base, il y a ce manque de **formation**, ce manque de **culture**, ce manque de **confiance** en eux.

3  (a) justement

(b) subvenir aux besoins immédiats des gens

**Activité 25**

1   You should have ticked:

(a) quand les gens ont peur

(b) une mère et sa fille

(c) à cinq kilomètres

(d) elles ont paniqué

(e) – les gens ont honte

– les gens n'ont pas confiance en eux (ils ne sont pas bien dans leur peau)

**Activité 26**

Here is the story. Your translation should be as close as possible to this one (some of the variants which you may have used are given as footnotes):

J'avais des meubles en trop[1]. Il y en avait tellement que je ne savais plus où les mettre.

Un jour, j'ai décidé de jeter une vieille table de cuisine. Je l'ai mise dans une grande poubelle et je suis rentré(e)[2] chez moi[3]. Le mois suivant, je suis allé(e) voir un voisin, un réfugié d'Europe centrale[4]. Savez-vous ce que j'ai vu quand je suis entré(e)? La vieille table de cuisine, réparée et restaurée. Alors j'ai eu honte.

Maintenant je donne tout ce qui ne me sert plus.

[1] trop de meubles

[2] je suis revenu, je suis retourné (any of these verbs will do but they must have an 'e' at the end if you are a woman)

[3] à la maison

[4] une voisine, une réfugiée d'Europe centrale (you were free to interpret 'neighbour' as male or female)

The difference in tenses arises because paragraph 1 talks about how things used to be (imperfect), whereas paragraph 2 describes completed actions or states (perfect).

**Activité 27**

1   The best summary is (c).

**Activité 29**

You may have selected four words or phrases from among the following:

1   au café:
bistro, comptoir d'étain, pourboire, garçon, œuf dur (hard-boiled egg), café-crème, croissants chauds, café arrosé de rhum, tartines beurrées

2   devant le magasin:
grand magasin, glace, vitrine, vitre, pâtés, bouteilles, conserves, boîtes

3   choses pour la table:
œuf dur, tête de veau avec sauce vinaigre, pâtés, bouteilles, conserves, sardines, café-crème, croissants chauds, café arrosé de rhum, tartines beurrées

4   le crime:
crime, sang, égorgé, assassin, vagabond, volé

**Activité 30**

1  The missing words are shown in bold:

| café-crème ... arrosé rhum | café-**crime** arrosé **sang** |
|---|---|

2

| *Le criminel* | *La victime* |
|---|---|
| l'assassin | un homme très estimé dans son quartier |
| le vagabond | |
| l'homme qui a faim | |

3  *Deux francs* is the price of a human life, in the poem. It is also the price of a coffee laced with rum plus two pieces of bread and butter, plus the waiter's tip.

**Activité 31**

1

| | *The sound* [i] | *The sound* [ɥi] |
|---|---|---|
| (a) | ✗✗✗✗ | ✗ |
| (b) | | ✗✗✗ |
| (c) | ✗✗ | ✗✗ |
| (d) | ✗ | ✗ |
| (e) | ✗✗✗✗ | |
| (f) | ✗✗✗ | |

2  (a) **I**l faut la secour**i**r p**ui**squ'elle est pr**i**se de pan**i**que.

(b) Le br**ui**t de la pl**ui**e sur les r**ui**nes.

(c) C'est l**ui** q**ui** fait le tr**i** des fr**ui**ts.

(d) N'**y** pense pas et fais-l**ui** confiance[1].

(e) **I**c**i** les sans-log**i**s sont bien[2] accueill**i**s.

(f) Café-cr**i**me arrosé wh**i**sk**y**.

[1] You may have noticed that we have not highlighted the 'i' in *confiance*. This is because it's pronounced [j] and the word is sounded as follows: [kɔ̃fjɑ̃s].

[2] Similarly, we have not highlighted the 'i' in bien or the first 'i' in *accueillis*. This is because it's pronounced [j], and the words are pronounced, respectively, [bjɛ̃] and [akœji].

# Section 3

**Activité 32**

1   You should have ticked (b) (*les femmes*).

2   You should have ticked (a) (*les hommes*) and (b) (*les femmes*).

3   You should have chosen (a), (c) and (e) (*mère de famille* means 'mother', but beyond this, it can mean 'mother working at home' or 'housewife').

4   The missing words are shown in bold:

> Ceux qui déjeunent ensemble, ce sont des **bénévoles**. Ceux qui attendent derrière la porte verte, ce sont des **bénéficiaires**.

5   You should have ticked (c) *résignée* (she may have been too proud (*orgueilleuse*) in the past but she is not now).

6   You should have chosen (b).

7   You should have ticked (a) (Gaëtane thinks that the coffee-break brings people closer together and allows for friendliness and communication. She is right (*Gaëtane a raison*). The images we have seen bear her out).

8   You should have chosen (b), (d) and (e).

9   You should have ticked (f) (*amicaux*) or possibly (g) (*chaleureux*), particularly exemplified by the man and woman embracing at the end!

**Activité 33**

1   The missing words are shown in bold:

> Parce que **j'ai honte** (*or* parce que **ça me gêne**).

2   If you used one of our ideas, your answer may look like one of these:

J'ai honte pour la société.

Je suis très gêné(e) et je ne les regarde pas.

C'est extrêmement dur pour moi.

Il y en a tellement que je ne les vois plus.

Je passe devant mais je n'y pense plus.

En les regardant, je suis malheureux (malheureuse).

S'apitoyer sur leur sort, ça sert à quoi? (You may want to use *s'apitoyer* in the first person. When you look up *apitoyer*, a good dictionary will give you a conjugation number. Checking it in the dictionary's verb tables, you will find the right ending, in this case *apitoie*. Hence, if you agree with Gaëtane that practical help is needed, rather than pity, you could have said: *je ne m'apitoie pas sur leur sort.*)

**Activité 34**

Sequence 1: the correct summary is (2).

Sequence 2: the correct summary is (4). (For Michel, the appropriate summary might be (3).)

Sequence 3: summary (6) is the best illustration of the situation at Restos.

| | |
|---|---|
| **Activité 35** | Here is your conversation with Frédéric, the person in charge at Relais du Cœur. Your responses are shown in bold: |

Frédéric  Vous nous avez téléphoné. Vous êtes retraité(e), et vous cherchez une activité, c'est bien cela?

Vous  **C'est bien cela. Parce que j'ai envie de faire partie d'une équipe.**

Frédéric  Mais vous savez que ce travail n'est pas payé. Nous sommes des bénévoles ici.

Vous  **Oui, je sais. Mais l'argent? Je n'y pense jamais!**

Frédéric  Et nous avons parfois des problèmes difficiles à régler, il faut le dire!

Vous  **Justement, je veux prendre des responsabilités.**

Frédéric  Il y a aussi des aspects pratiques: vous allez être obligé(e) de trier des vêtements qui ne sont pas toujours très propres.

Vous  **Oh, ça ne me gêne pas.**

Frédéric  Ensuite tous les objets donnés sont remis en bon état. Vous avez l'expérience du travail manuel?

Vous  **Absolument. Autrefois, je travaillais chez un fleuriste.**

Frédéric  Très intéressant. Je pense que nous allons pouvoir faire du bon travail ensemble. Mais d'abord, avez-vous des questions à me poser?

Vous  **Oui, deux. D'abord, est-ce qu'on doit respecter les horaires?**

Frédéric  Oh, nous sommes assez flexibles, mais il faut être là quand les objets sont livrés.

Vous  **D'accord. Ensuite, est-ce que les bénévoles déjeunent ensemble?**

Frédéric  Oui, le plus souvent possible! L'heure du repas est un moment où les gens peuvent se rencontrer et dialoguer. Mais attention, la cigarette est interdite!

Vous  **Ça ne me gêne pas du tout, je n'ai jamais fumé.**

Frédéric  Eh bien venez, nous allons rejoindre vos nouveaux camarades et vous pouvez commencer immédiatement.

Vous  **Heureusement que j'ai lu votre annonce!**

**Activité 36**

2 The missing words are shown in bold:

(a) **30%** des gens ont des revenus minimum.

(b) La proportion de mères ou pères célibataires est de **21%**.

(c) Les familles nombreuses constituent **18%** des bénéficiaires.

3 The verbs in the passive in the first paragraph are *est accueillie, est établie, est attribuée*.

4 We have translated both verbs as English passives, even though they were both reflexive in French. Your translations should be more or less as follows:

(a) Since March 1989, there has been a gradual setting up of more and more *Relais du Cœur*.

(b) An atmosphere of trust has been established. (The phrase *c'est... qui* is there to emphasize the idea of 'an atmosphere of trust', but it is difficult to express it in English, other than by displacing the emphasis, for example '**real** atmosphere of trust'.)

**Activité 37**

Here is the complete dialogue. Your responses are shown in bold:

| | |
|---|---|
| Max | Il est dit ici que les Relais accueillent les étrangers? C'est vrai? |
| Vous | **Non, pas tous. Ceux qui peuvent prouver qu'ils ont des revenus faibles.** |
| Max | La brochure ne parle pas des femmes et pourtant il y a beaucoup de mères de familles nombreuses qui viennent aux Relais, non? |
| Vous | **Oui, par exemple celles que nous avons vues sur la vidéo.** |
| Max | Il y a aussi des services gratuits, je crois. C'est vrai que certains Relais ont une couturière? |
| Vous | **Oh oui. Celle qui travaille à Nantes peut faire des retouches.** |
| Max | Et les bénéficiaires? Il y a sûrement des gens très sympathiques parmi eux, non? |
| Vous | **Ah oui, par exemple celui qui donne des fleurs aux bénévoles!** |
| Max | Exactement! Celui qui donne des fleurs... ou des baisers! |

**Activité 38**

Here is the complete text. The words you should have inserted are in bold.

***Trois façons différentes d'aider ceux qui sont en difficulté***

Emmaüs, c'est un magasin qui n'est pas ordinaire. Ici, on répare et on vend des objets donnés par le public. **Il y en a tellement qu'on ne sait plus où les mettre**. Qui fait quoi, à Emmaüs? Eh bien, le public donne des objets dont il ne se sert plus. **Et c'est aussi le public qui achète les objets qui ont été triés, lavés, rangés, restaurés, recyclés**. Le magasin est rempli de fauteuils, de bidets, de lampes, de poupées, de verres, de vaisselle, de linge de table, de vêtements, de bibelots, de jouets, d'appareils ménagers. Avec l'argent des ventes, Emmaüs peut aider les membres de la communauté à retrouver une vie normale.

Les Restos du Cœur, eux, sont là pour satisfaire des besoins immédiats. La jeune veuve qui n'a pas de quoi nourrir ses enfants, **la mère de famille qui n'a plus de revenus, le retraité qui n'a pas d'amis,** tous peuvent venir aux Restos, où on leur donnera des paniers repas, où on les habillera gratuitement s'ils le souhaitent et où ils profiteront de la pause-café pour rencontrer d'autres gens et discuter.

Le logement, le boire, le manger, voilà les conditions de base de la survie, **heureusement que ces associations s'en occupent**. Mais les gens de la rue ont aussi besoin de dignité. Certains **y ont pensé**. Une organisation comme ATD Quart-Monde ne fait pas le même travail qu'Emmaüs ni que les Restos du Cœur, mais elle en est complémentaire. **Ici, pas de magasin, pas de réfectoire, pas d'atelier**. Ce que les gens trouvent, c'est de l'aide pour faire une démarche difficile, pour remplir des papiers administratifs, pour demander des bénéfices qui leur sont dus. C'est ici qu'ils peuvent venir s'ils ont honte ou s'ils n'ont pas assez confiance en eux-mêmes. ATD Quart-Monde **les accompagnera à l'hôpital ou à la mairie**. Ils seront entourés, soutenus, compris.

Pour avoir tous les renseignement sur ces trois associations, écrivez à: Aides, 34, boulevard de la Gare, 23487 Essoissac.

# Section 4

**Activité 39**

2   (b) and (e) are true. The others are false:

(a) Il n'y a pas de bouteilles cassées par terre.

(c) On voit une jeune femme brune à sa fenêtre.

(d) On ne voit pas de sans-logis qui dorment sur les trottoirs.

(f) C'est un quartier où il y a des enfants.

**Activité 40**

Sequence 1: The best summary is (2), since Nantes stands accused by Yasmin of having merely renovated the outside of the buildings.

Sequence 2: What Yasmin says is summed up by (4). You will see, in Section 5 of this book, when you read about *Le Zorro Beur*, that Yasmin is not alone in feeling this way.

**Activité 41**

1 The missing words are shown in bold:

   (a) La scène a lieu dans **une banlieue**.

   (b) Le mur qui porte le dessin est en forme de **triangle**.

   (c) En haut du dessin, on voit **un jeune homme**.

   (d) En bas du dessin, il y a **une radio**.

   (e) En bas à gauche et à droite, se trouvent **des tours** (you could also have said *des bâtiments*).

2 The missing words are given in bold:

   (a) Sur la tête, il porte **une casquette**.

   (b) Ses yeux sont cachés derrière des **lunettes** (you could have said *des lunettes noires*).

   (c) Il se tient **debout** sur **une radio** (You could have said *sur un (gros) radio-cassette*).

   (d) Il est habillé **d'un survêtement** (You could have said *d'un jogging*).

3 Le jeune homme a un visage terrible (you could have said *Il est terrible, le visage de l'homme*). Il grince des dents.

4 Here, we tell you what the shapes and colours suggest to us. The missing words are given in bold. But you may have found much more imaginative answers.

   (a) Le ciel est **fragmenté, angulaire**. Il fait penser à **des vitres cassées**.

   (b) Les bâtiments sont **très hauts, très étroits et inclinés**. Ils suggèrent **un malaise**, **un manque d'équilibre**.

   (c) Les couleurs sont **vives**: **rouge**, **jaune**, **vert**. Elles évoquent **la vie**, **la force** (or you may think that they suggest the colours of rastafari, *les couleurs rasta*).

   (d) La radio est **énorme**. Cela veut dire que **la musique est très importante pour les jeunes de Bellevue**.

**Activité 42**

1 (a) (ii), (b) (i), (c) (iv), (d) (iii).

2 Here are the new sentences with the verbs highlighted in bold:

   (a) Autrefois, ces familles **étaient obligées de** faire des démarches compliquées.

   (b) Quand ma fille était adolescente, **on devait** toujours la forcer à travailler.

   (c) Avant, les gens du quartier **devaient** mettre du carton aux vitres cassées.

   (d) Il y a dix ans, **on devait** faire cinq kilomètres à pied pour aller à l'hôpital.

3   A possible answer, relating to your studies, might be:

Quand j'ai commencé 'Valeurs', j'étais obligé(e) de regarder tous les mots dans le dictionnaire. Heureusement que j'ai appris du vocabulaire!

## Activité 43

1   The missing words are in bold:

Eh bien, c'est vrai que ce qu'on voit d'emblée, c'est l'extérieur: on **refait** les façades, on **repeint**, on… on isole aussi, ce qui fait que, extérieurement, les immeubles ont une autre figure. Il y a un peu plus de **couleur**, c'est un peu plus **gai**. Mais je crois que c'est plus **facile** de refaire les façades que de refaire l'intérieur et surtout de refaire les **personnes**, les **familles**. Et là aussi, il y a un gros travail à faire pour permettre une insertion réelle des gens et notamment autour de l'emploi.

2   Here are the correct choices:

(a) René Pennetier pense que les pouvoirs publics ont beaucoup travaillé.

(b) Il dit que le Développement Social des Quartiers est là pour permettre aux gens d'organiser un mouvement associatif.

(c) Selon lui, c'est un travail de longue haleine.

## Activité 44

The words that Mme Seyse emphasizes are shown in bold below:

Alors, je crois que dans ce que vous avez dit, il y a une chose qui est totalement inexacte, c'est que nous n'avons **pas** mis beaucoup d'**argent** pour refaire les **façades**. Nous avons mis **beaucoup d'argent** pour **refaire** le **cadre de vie** des habitants. Et le cadre de vie, ce n'est pas seulement l'extérieur, c'est aussi l'**intérieur** des habitants. Alors, il est vrai que si vous **prenez** les premières **réhabilitations** qui ont été faites, il n'y avait que l'extérieur. Mais nous venons de terminer une série de réhabilitations, la première des séries **totalement du fait de notre équipe municipale**. Eh bien, **rien** n'a été fait sans consultation avec les habitants; c'est-à-dire qu'ils ont défini avec nous le **programme** de réhabilitations, les fenêtres, les portes; ils ont défini avec nous ce qui était le plus important pour eux. Est-ce que c'était les boîtes aux lettres, les cages d'escalier? Est-ce que c'était refaire les sanitaires? Est-ce que c'était refaire l'électricité? Ce sont toutes ces choses qui ne sont pas de l'**extérieur,** mais qui sont du vécu, et au contraire de l'**intérieur** des **immeubles**, qui ont été réhabilitées.

## Activité 45

You should have chosen sentence 1.

**Activité 46**

2   This is how you should have answered your heckler. Your responses are shown in bold:

Le résident    Vous parlez bien de ce que les pouvoirs publics ont fait. Mais ce qui nous préoccupe, nous, les résidents de La Halle, c'est ce qui n'a pas été fait. Les bâtiments, par exemple, qui sont toujours dans un état déplorable!

Vous    **Je ne suis pas d'accord avec ce que vous dites. Les bâtiments ont été réhabilités.**

Le résident    Les murs, peut-être, mais en tout cas toutes les vitres ont besoin d'être réparées.

Vous    **C'est totalement inexact. La mairie en a remplacé beaucoup.**

Le résident    Et les transports? Les habitants n'ont aucun moyen de transport!

Vous    **C'est discutable\*. Il y a une gare à Blangis et les gens peuvent y aller à pied.**

Le résident    À pied! Deux kilomètres! Voilà comment la municipalité traite ses administrés: aucun respect pour leurs besoins, pas d'écoles, pas de crèches, pas de boulangerie…

Vous    **Il y a une chose qui est tout à fait inexacte dans ce que vous dites: la voiture de la boulangerie passe tous les matins.**

Le résident    Vous cherchez à cacher les vrais problèmes, et nous, les habitants du quartier, on trouve ça totalement déplorable!

\*You could also have said *ça se discute*.

**Activité 47**

1   The best summary is (c). Summary (a) only conveys part of the opinion of the priest.

2   Summary (a) is the best reflection of Mme Seyse's opinion.

**Activité 49**

1   This is how the conversation should have gone. Your responses are given in bold:

Vous    **Bonjour, comment vas-tu?**

Votre amie    Très bien merci et toi?

Vous    **Bien, merci. Qu'est-ce que tu deviens?**

Votre amie    Comme tu vois, je suis en congé. Mais je reprends le travail lundi.

Vous    **Toujours à l'ANPE?**

Votre amie    Ah non, maintenant je travaille à l'Éducation nationale.

| | |
|---|---|
| Vous | **C'est quand au juste, la dernière fois qu'on s'est vu?** |
| Votre amie | Oh, il y a longtemps, cinq ou six mois au moins! |
| Vous | **Dis donc, alors tu ne connais pas ma nouvelle adresse?** |
| Votre amie | Non, tu as déménagé? |
| Vous | **Oui, j'habite en haut de la tour. Viens demain soir, on discutera.** |
| Votre amie | Ça, c'est une bonne idée! D'accord. Tu as un numéro de code, pour l'interphone? |
| Vous | **Oui, c'est quatre mille cent quatre-vingt-trois.** |
| Votre amie | 4183. Demain soir, c'est bon. Alors, salut. |

**Activité 50**

Your monologue could have gone along these lines:

Oui, bien sûr, il fallait prouver aux jeunes que le recel est un danger. Il est vrai que la BD est amusante. Et elle est écrite dans le propre langage des jeunes. Ainsi on peut penser qu'elle sert à quelque chose. Mais il y a une chose qui est totalement inexacte dans ce que vous dites: la municipalité n'a pas dialogué avec les jeunes. Elle ne les a pas consultés. En fin de compte, je trouve cette initiative discutable, sinon déplorable. Ce que les jeunes veulent, c'est un environnement amical et des raisons de vivre.

**Activité 51**

Here are the phrases and definitions correctly matched:

*Paragraphes 1 à 3*

| | |
|---|---|
| sans broncher | sans manifester sa surprise |
| sans âme | où il n'y a pas de joie de vie |
| s'étirent | forment une longue ligne |
| une promotion | un moyen d'améliorer son statut dans la société |

*Paragraphes 4 à 7*

| | |
|---|---|
| un accrochage | un incident |
| bondés | où il y a trop de gens |
| à peine | presque pas |

*Paragraphes 8 à 11*

| | |
|---|---|
| sur le pont | mobilisés, prêts à agir |
| le système n'a tenu que quelques mois | cette initiative n'a pas duré longtemps |
| par un bout | en ne regardant qu'un seul de ses aspects |

**Activité 52**

1  Rachid is the victim. His brother Hamid acted in order to fight the drug culture in his area.

2  Here are the phrases drawn from the text:

(a) le décor n'a rien de reluisant

(b) dont on ne voit pas le bout

(c) un faux calme

(d) peut être l'étincelle

(e) il suffit de pas grand-chose (a very common informal phrase meaning 'you don't need much!'). You will, of course, remember a title from an earlier topic using a similar construction, *il ne suffit pas de refaire les façades.*

(f) ils ont dans la tête que

(g) ils n'existent pour personne

(h) en quelques années

(i) quelqu'un du quartier (you can also say *quelqu'un de Paris,* someone from Paris, *quelqu'un du village* someone from the village)

(j) c'est mieux que rien (a very common phrase, meaning 'it's better than nothing')

(k) c'est un cercle vicieux (meaning, of course: 'vicious circle!')

**Activité 53**

1  You should have translations similar to these:

(a) in plain clothes

(b) ill-conceived

(c) live

(d) are piled on top of each other

(e) literally 'has become populated by' (a better translation is 'has filled up with')

(f) literally 'leave it to lie empty' (*ils désertent l'école*: 'large numbers of them play truant')

(g) dealers

(h) an agreement

(i) to worsen

2  You should have transformed the phrases to read:

(a) s'est fait interpeller

(b) s'entassent

(c) s'est peuplé

(d) s'aggraver

(e) s'éloigner (de)

**Activité 54**

1 It can be said that the estate is *triste, vandalisé, partiellement rénové, et pauvre.* But the article also tells us that it is *sympathique, chaleureux et animé* (for example, parties are organized), and *bruyant* (with rap music going on).

2 Ahmed is *résigné,* hc doesn't bat an eyelid (*il ne bronche pas*), but probably not indifferent. You could say he's detached (*détaché*).

3 The young people in the area are *humiliés* and *indignés* (because politicians ignore them); they are also *révoltés,* they're ready to set off a fire, or an explosion (*ils vont mettre le feu*) . We are not told that they are *fiers,* but we may suppose they are. They are certainly not keen on integration, as they refuse to speak French. *Politisés?* maybe, but they don't belong to a political organization. Their politics are the politics of the street. *À peine éduqués? À peine polis?* The article does not lead us to suppose that these are true.

3 Hamid is *plein d'énergie,* and full of go (*il montre de l'initiative*). He is *courageux,* but maybe not *tenace,* since he eventually leaves the area.

**Activité 55**

3 Your translations should look like these:

(a) Par exemple, dans certaines cités le taux de chômage est de 29%, c'est-à-dire trois fois supérieur à la moyenne nationale.

(b) Des groupes de jeunes ont pris des responsabilités et ils ont monté des associations de lutte contre la drogue. (You could also have written *Des groupes de jeunes se sont pris en charge et ils ont monté...* etc.)

(c) Il est sûr que les deux solutions principales, ce sont l'emploi et la formation.

(d) Dans beaucoup de quartiers, les municipalités ont fait des efforts considérables et pourtant la situation ne fait que s'aggraver.

# Section 5

**Activité 56**

2 The crime rate has dropped by 10%.

3 (a) (iii); (b) (i); (c) (v); (d) (ii); (e) (iv); (f) (vi); (g) (vii).

4 You should have underlined:

(a) '*les cars de flics étaient accueillis à coups de pierres*'

(b) '*Les jeunes nous connaissent: on a grandi avec eux. Mais il ne faut pas hésiter parfois à leur donner des coups de pied au cul*', explique-t-il, en laissant entendre qu'il a lui-même flirté avec la délinquance.

(c) Farid s'arrête: '*Vous pouvez changer de place? Faut pas rester là.*' Les jeunes s'exécutent. '*Ils reviendront, mais nous aussi; c'est comme un jeu entre nous. Au bout de plusieurs fois, ils se lassent.*'

5   Nourredine a fait une démarche originale. En effet, il a mis en place une société qui fait le travail de la police. Les employés de cette entreprise sont du même milieu que les jeunes. Ils savent les prendre.

**Activité 57**

In the answers that follow, we have printed in bold those phrases which you could have re-used (or maybe have re-used!) from earlier parts of the book:

1   Les jeunes de la cité **se révoltaient** et la communauté **était prise de panique**.

2   En 1986, Nourredine a **mis en place** une société de surveillance.

3   La police ne peut pas **prendre les mesures nécessaires** car quand elle vient, c'est pour réprimer.

4   Nourredine et son groupe ont grandi dans le même quartier et certains ont même été délinquants. Cela **incite** donc les jeunes **à** leur faire confiance.

5   L'initiative de Nourredine a réussi. Par exemple, la délinquance est moins importante maintenant qu'il y a cinq ans: elle a diminué de 10%.

6   Nourredine veut prouver que les jeunes peuvent **se prendre en charge**. (and you may have thought to add... **à long terme**!)

If you re-read summaries 1 to 6 above, you will notice that you have created the basic elements for an overall summary of *Le Zorro beur des HLM,* thus illustrating a good technique for summarizing, i.e. rephrase each paragraph of the text, taking care to give yourself a word-limit.

**Activité 58**

Here is the conversation which you should have had with your replacement. Your responses are given in bold:

| | |
|---|---|
| Serge | Et les jeunes du cours de karaté? |
| Vous | **Eux, ils arrivent à neuf heures.** |
| Serge | Il n'y a pas de problème de place avec le professeur de guitare? |
| Vous | **Non, lui, il finit à huit heures et demie.** |
| Serge | Et les filles du group de rock, quand est-ce qu'elles viennent? |
| Vous | **Oh, elles, elles se réunissent le mardi.** |
| Serge | Et... dites-moi, d'habitude, la gardienne est là quand on arrive? |
| Vous | **Oui, il faut lui demander la clé, à elle.** |
| Serge | Autrement, elle vient aider quand il y a trop de jeunes dans le club? |
| Vous | **Non, quand elle, elle vient, c'est pour fermer le bâtiment.** |

**Activité 59**

Here is an cxample of what you might have said:

> Il faut savoir prendre les jeunes. C'est sûr qu'ils connaissent Nourredine: il a grandi avec eux. Mais il y a une chose qui est inexacte dans ce que vous dites: cette initiative n'est pas la seule valable. Par exemple, on peut transformer la violence intérieure des jeunes. On peut leur donner un mur pour faire un dessin. Ils peuvent aussi s'employer à dessiner des BD, et peut-être même à les vendre, pour subvenir à leurs propres besoins. Finalement, utiliser la force, je trouve ça déplorable.

**Activité 60**

1  You should have matched:

| | |
|---|---|
| *retenir l'attention* | to be noticeable |
| *être mal vu* | to have a bad reputation |
| *se regrouper* | to get together |
| *s'adresser à* | to speak to |

2  The three words *mélange, métissage* and *hybride* are (a), synonyms.

**Activité 61**

2  You should have ticked the following:

(a) d'être considérés comme des délinquants

(b) Africains, Maghrébins et Français

(c) aux jeunes en France

(d) on ne les écoute pas assez

(e) d'avoir des comportements qui ne sont pas corrects
   de faire des bêtises

**Activité 62**

1  The two summaries are (a) and (c).

# Section 6

**Activité 63**

Almost all of the notes and summaries which you have accumulated while working through the book are of use in writing your essay.

Among the selected notes, most illustrate initiatives to help integration. The following could be used to show obstacles: *Activité 21*, *Activité 39* (b), *Activité 46* (c), *Activité 54* (a) and (d).

**Activité 64**

Here are some of the phrases which you may have used:

2  • par exemple
   • prenons le cas de
   • pour illustrer ceci

3 • d'un autre côté, on remarque que
  • on peut cependant affirmer que
  • on objectera que

5 • il est clair que
  • le vrai problème (c')est que
  • on ne peut nier que

**Activité 65**

6 • quelles conclusions pouvons-nous tirer de....?
  • tout ceci prouve bien que
  • en définitive

Here is an example of the sort of essay that could be written.

### (Introduction)

En France, comme dans beaucoup d'autres pays européens, on trouve des gens qui sont exclus de la société, soit parce qu'ils sont pauvres, soit parce qu'ils sont immigrés. Voyons s'il y a des obstacles à l'insertion des exclus, ou si au contraire la société française contemporaine essaie de la faciliter.

### (Arguments showing positive initiatives)

En premier lieu, de nombreuses associations s'occupent de subvenir aux besoins matériels des exclus en leur donnant un logis et de la nourriture. Parfois, les bénéficiaires doivent prouver qu'ils ont de faibles revenus, comme aux Restos du Cœur. D'autres fois, ils travaillent eux-mêmes pour gagner l'argent qui sert à payer leur logement, comme à Emmaüs.

Certaines de ces organisations, comme ATD ou Emmaüs, veulent aller plus loin, et aider moralement les exclus: par exemple, apprendre aux sans-logis les responsabilités d'une occupation journalière, accompagner les gens dans des démarches difficiles, ou compenser l'isolement social par le dialogue.

L'insertion dans la société est une question qui touche non seulement les pauvres, mais aussi les jeunes. Parmi eux, les Beurs montrent beaucoup d'initiative, soit en créant des associations pour s'occuper des jeunes, soit en essayant de s'intégrer par l'éducation ou la création musicale.

### (Arguments against)

Malheureusement, il existe aussi de nombreux obstacles à l'insertion des pauvres. Ceux qui sont victimes de la crise économique et ceux qui s'entassent dans des ghettos savent que la vie en France n'est pas toujours 'douce'. Les pouvoirs publics ont fait du travail, mais leur action ne règle pas les problèmes à long terme.

### (Conclusion)

En conclusion, on peut dire que la France est un pays où il y a beaucoup d'initiatives pour faciliter l'insertion des exclus. Cependant, elles ne suffisent pas. Il faut chercher des méthodes plus efficaces.

(278 words)

## Acknowledgements

Grateful acknowledgement is made to the following sources for permission to reproduce material in this book:

p. 3: L'Abbé Pierre, © G. Schachmes SYGMA; p. 12: Courtesy of Union Centrale de Communautés Emmaüs; p. 32: Jacques Prévert (1949 and 1990) 'La Grasse Matinée', *Paroles*, © Editions Gallimard; p. 67: *Recel Attention Danger!* Courtesy of Conseil Communal Prévention, Saint Herblain; p. 75 Marchand, I. (1991) 'Gennevilliers: la dérive du quartier du Luth', *Pèlerin Magazine (journal catholique français)*, 5662, 7 June 1991; p. 84: Pierre-Marie Lasbleis (1990) 'Le Zorro beur des HLM', *Le Nouvel Observateur*, 13–19 September 1990.

Cartoons pp. 57 and 93 by Gary Rees.

Cover photograph by David Sheppard.

This book is part of L120 *Ouverture: a fresh start in French.*

**Cadences**

1   L'année mode d'emploi
2   Le temps libre et le temps plein
3   Vivre en collectivité
4   Vivre la nuit

**Valeurs**

1   Marketing et consommation
2   Gagner sa vie
3   Douce France?
4   La qualité de la vie

The two parts of the course are also sold separately as packs.

L500 *Cadences: update your French*
L501 *Valeurs: moving on in French*